Nostradamus

Nostradamus

Prophetische Weltgeschichte von 1547 bis 3000

Herausgegeben von Bruno Noah

KOMET

Reprint der 1928 im Leuchtfeuer-Verlag
Eugen Koschmieder erschienenen Originalausgabe

www.komet-verlag.de
Umschlagmotiv: Archiv für Kunst und Geschichte, Berlin
Gesamtherstellung: Komet Verlag GmbH, Köln
ISBN 3-89836-497-6

Inhaltsverzeichnis

Die wahren Zenturien und Prophezeiungen

des Herrn

Michel Nostradamus

worin gezeigt wird,

was sich in ganz Frankreich ereignet hat,

ebenso in Spanien, Italien, Deutschland,

England und anderen Teilen der Welt.

Durchgesehen und verbessert
nach den ersten gedruckten Ausgaben in Avignon
im Jahre 1558, in Lyon im Jahre 1558 und anderen
mit dem Leben des Autors.

In Paris.
Bei Jean Ribon gegenüber der Heiligen Capelle im Bilde St. Louis.
1668.

Das Horoskop des Nostradamus

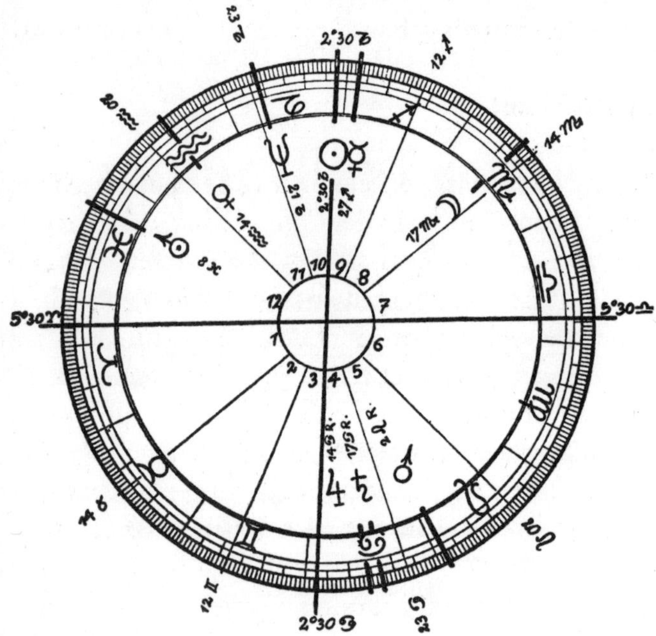

☉ ☌ ☿ ∟ ☽ ✶ ⛢ □ 1 ☌ 10
☿ ☌ ☉ ∟ ♀
♀ ∟ ☿ □ ☽
☽ ∟ ☉ □ ♀ △ ♄ △ ♃
♂ △ 1
♃ △ ☽ ☌ ♄ △ ⛢ (☍ ♆) △ ☽
♄ △ ☽ ☌ ♃ ☍ ♆
⛢ ✶ ☉ △ ♃ ∟ ♆
♆ (☍ ♃) ☍ ♄ ∟ ⛢

Erster Teil

Mitteilung für den Leser

(Aus der französischen Originalausgabe von 1668)

Lieber Leser!

Es ist eine gehässige Beleidigung der ganzen Natur gegenüber, wenn man der Öffentlichkeit die Kenntnis von ungünstigen und wissenswerten Dingen entzieht. Es ist ferner ein abscheuliches Verbrechen unter den Menschen, nicht heute zu tun, was sie auf morgen verschieben zu ihrer Bequemlichkeit. Ebenso ist es aber auch eine glänzende, ruhmvolle Handlungsweise, welche nichts weniger als Beglückwünschungen und ewige Lobeserhebungen verdient, wenn man mit allen Kräften danach hinarbeitet, die Wahrheit triumphieren zu lassen, wie auch das Verständnis dessen zu erleichtern, was bisher gänzlich unbekannt oder wenigstens größtenteils unbekannt gewesen ist.

Ich schmeichle mir, dir im Vorliegenden ein fachgemäßes Werk zu überreichen, welches so abgefasst ist, dass du in dem Dargebotenen meinen Eifer und Willen, dir zu dienen, achten wirst, sowie den Versuch, dir zu gefallen. Wenigstens wirst du meine Arbeit billigen, wenn du sie nicht gar krönen willst mit deinen Beglückwünschungen und Lobeserhebungen. Was mir ein so süßes Gefühl und so schmeichelhafte Gedanken einflößt, das ist die Achtung vor deiner Klugheit und Rechtlichkeit, welche mich überzeugt, dass du nach Art eines verständigen Menschen niemals über das streiten wirst, was sich von selbst ergibt, was Tatsache ist, und über die nach reiflicher Überlegung vollkommene Kenntnis des Gegenstandes, auf den man sein Empfinden aufbaut, wie auch, dass du mich nicht deshalb tadeln wirst, dass ich ein Buch der Presse übergeben habe, dass du so und so oft gedruckt sehen möchtest, ohne vorher gewusst zu haben, welche Vernunftgründe mich veranlasst haben, es dir so zu überreichen, wie es jetzt ist. Trotzdem ist es nicht mehr als Recht, wenn ich sie dich lehre, nicht nur um meine Ausdrucksweise und meine Gedanken zu offenbaren, als vielmehr, um für mich den Ruhm zu erwerben, der mir gehört. Erstens sind alle früheren Ausgaben voller Irrtümer gewesen, besonders durch die Wiedergabe in der Schreibweise der Wörter, als auch des Inhalts der Verse, den man darin verwechselt hat, was ich in dieser Ausgabe verbessert habe. Zweitens haben die voraufgegangenen Zeiten die hervorragenden wichtigen Ereignisse unserer Zeit nicht bewerten können, weil man noch kein Verständnis dafür hatte, dass die verborgenen Mysterien dieser dunklen Prophezeiungen bis in die Gegenwart hineinreichen würden. Wenn endlich drittens alle früheren

Ereignisse sich so erfüllt hätten, wie man es hätte wünschen können, würde man jetzt nichts davon haben, es wäre sehr tadelswert von mir, wenn ich nicht jedem einzelnen mitteilen wollte, was er sich wünscht; ein Schatz, den ich mich rühmen könnte allein zu besitzen. Du siehst also, lieber Leser, dass außer der Seltenheit dieses Werkes, die alleine dasselbe schon genügend empfehlenswert erscheinen lässt, ich allein durch dieses Recht (es hat noch viele andere Vorzüge, die es dich viel achtenswerter erscheinen lassen, als alle voraufgegangenen) gleichsam überzeugt bin, dass dich die Klarheit und Erkenntnis, die ich dir von markanteren Ereignissen unserer Zeit geben werde, sehr befriedigen wird. Aber dessen bin ich sicher, du wirst die merkwürdigen Zitate dieses Buches nicht zu lesen verstehen, wenn du nicht sehen kannst, dass das in Erscheinung tritt, was unser Prophet uns in geheimnisvollen zweideutigen Worten verborgen hat. Mache dir die Mühe, es zu lesen und du wirst darin finden die Heirat Heinrichs des Großen mit Maria von Medici, trotz des Widerstandes eines Herzogs, den Sturz dieser Königin in Marseille, das unglückliche Ende und den gewaltsamen Tod dieses großen Fürsten, wie auch die Regierung des Staates durch den Marquis Danere in den ersten Vorhersagen unseres Jahrhunderts und in den sechs ersten Versen dieser Prophezeiungen wirst du den Aufruhr der Bourdelas erkennen und die Überrumpelung, die man vom Schlosse Trompette aus machte während der letzten Unruhen des Königreichs in der 12. Zenturie. Dann wirst du das schändlichste grausame Ende des Königs von England finden durch die Hand eines Scharfrichters in der 9. Zenturie. Ebenso weiter auch den Einfall und die Tyrannenherrschaft des Cromwell in der 8. Zenturie. Die gerechte Rache, die der Sohn nimmt wegen des Mordes nach seiner Wiedereinsetzung in den gesamten Hof, nicht nur an dem Vatermörder, sondern noch mehr an seinem Anhang in der 10. Zenturie.

Die schändliche Flucht dieses jungen Fürsten aus seinem Staat und die Art des Tyrannen zu regieren, der ihn seines Thrones beraubt, in der 10. Zenturie. Den Brand der Hauptstadt dieser Inseln in der 2. Zenturie. Das Attentat des Kanzlers dieses Königreiches gegen seinen Souverän und das Vaterland, sowie seine schändliche Verbannung aus dem Reich, in der Vorhersage der laufenden Jahre dieses Jahrhunderts in der 25. sechszeiligen Strophe. Du wirst dort finden den Tod der Königin-Mutter Anna von Österreich in derselben Vorhersage im 54. Sechszeiler, wie auch den Tod des Kardinals Mazarin ebendort vier Sechszeiler darunter. Endlich wirst du bemerken die Revolution in Portugal in der 8. Zenturie und mehrere andere schöne Seltenheiten, die deine Lektüre verdienen und die dich zweifelsohne zwingen werden, dieses dargebotene Werk günstig zu beurteilen.

Nimm es entgegen mit der gebührenden Achtung, mit welcher dich der Herausgeber beschwört, indessen wünscht er dir Heil und Frieden.

Das Leben des Herrn
Michel Nostradamus

Ordentlicher Leibarzt Heinrichs II.,
König von Frankreich.

Michel von Nostradamus, der seit langen Jahrhunderten berühmteste Astrologe, wurde geboren in St. Remy in der Provence am Donnerstag, den 14. Dezember 1503 gegen 12 Uhr mittags. Sein Vater war der Notar des Ortes, Jacques de Nostradamus, seine Mutter Renée de Saint Remy, deren Ahnen väterlicher und mütterlicher Seite sehr vertraut waren mit den Wissenschaften der Mathematik und Medizin. Einer der Ärzte war Renatus von Jerusalem und Sizilien, sowie der andere, Jean Herzog von Calabrien, Sohn des genannten Königs Renatus von Jerusalem. Einige Redner haben, um jeglichem Neid den Mund zu verbieten, über seine Herkunft Übles geredet, sie waren über die Wahrheit schlecht informiert. Daher kommt es, dass unser Autor sagt in seinem Kommentar, er habe die Wissenschaft der Mathematik gleichsam von seinen Vorfahren geerbt – und im Vorwort zu diesen Zenturien, dass er die vererbte okkulte Wahrsagekunst mit Löffeln gegessen habe.

Nach dem Hinscheiden seines Großvaters mütterlicherseits, der ihm gleichsam spielend den ersten Geschmack von den himmlischen Wissenschaften beigebracht hatte, wurde er nach Avignon geschickt, um die humanen Wissenschaften zu lernen.

Danach betrieb er mit sehr großem Glück Philosophie und theoretische Medizin in der Universität Montpellier, bis er wegen einer Pestilenz, die sich über das ganze Land verbreitete, seinen Weg nach Narbonne, Toulouse und Bordeaux nahm, in welchen Städten er seine ersten Versuche machte und seine Arbeiten die ersten Früchte zeigten. Er war damals 22 Jahre alt. Nachdem er sich vier Jahre in diesen Gegenden, Medizin praktizierend, aufgehalten hatte, hielt er es für gut, nach Montpellier zurückzukehren, um sein Doktorat zu erledigen, was er in kurzer Zeit tat – nicht ohne Lob und Bewunderung des gesamten Kollegiums.

Auf dem Wege nach Toulouse kam er nach Agen, einer Stadt an der Garonne, wo Julius Cesar Scaliger ihn aufhielt, eine hervorragende Persönlichkeit mit seltener Gelehrsamkeit, mit dem er in engere Beziehungen trat. Die anfängliche Vertraulichkeit verwandelte sich nach einiger Zeit in Heuchelei und Groll, wie das unter Gelehrten öfter geschieht und man aus ihren Schriften ersieht.

Er verheiratete sich dort mit einer sehr achtbaren Dame, von der er zwei Kinder hatte, einen Knaben und ein Mädchen. Frau und Kinder starben und da er sich allein ohne Familie und Anhang sah, beschloss er, seinem engeren Vaterlande, der Provence, den Rücken zu kehren. In Marseille angekommen, begab er sich in Aix zum Parlament der Provence, wo er drei Jahre lang im Sold der Stadt stand. Während dieser Zeit verbreitete sich dort die Pest im Jahre 1546. Diese wütende grausame Seuche hat der Herr von Lonney in seinem „Welttheater“ beschrieben nach den wahrhaften Angaben unseres Autors. Von dort kam er nach Salon de Craux, einem Dorfe, das eine Tagereise von Aix entfernt liegt, auf halbem Wege von Avignon nach Marseille. Dort verheiratete er sich zum zweiten Male.

Indem er die Anzeichen der Veränderungen, die über ganz Europa kommen werden, sogar die blutigen Bürgerkriege und verderblichen Unruhen dieses Königreichs Gallien sich unglückverheißend, gleichsam mit besessener Wut nähern sieht, macht er sich daran, die Zenturien und andere Vorhersagungen zu schreiben, die also beginnen:

> Vom göttlichen Geiste ist die Seele berührt – sie verkündet Unruhe, Hungersnot und Pest, Krieg, Wassersnot und Trockenheit, Erde und Meer mit Blut gefärbt – Frieden und Waffenstillstand – vom Geborenwerden – von Prälaten und Fürsten – und vom Sterben.

Diese Ereignisse beobachtete er lange Zeit, ohne sie veröffentlichen zu wollen, da er glaubte, sie müssten ihm eine endlose Reihe von Zurücksetzungen, Verleumdungen und mehr als giftige Bisswunden einbringen. Endlich, beseelt von dem Wunsche, der Öffentlichkeit zu nützen, veröffentlichte er sie mit bewundernswerter Würde, unbekümmert um das Geschrei und den Ruf, der sich bei uns wie bei den Fremden erhob.

Auf Grund dieses Gerüchts ließ ihn König Heinrich II. von Frankreich im Jahre 1556 an seinen Hof kommen und nachdem er sich mit ihm über große Dinge besprochen hatte, entließ er ihn wieder mit Geschenken überhäuft. Einige Jahre später (1564) besuchte der Sohn Karl IX. die Provinzen und indem er mit der Milde des Friedens seine empörten Ortschaften wieder ordnete, betrat er auch die Provence und besuchte diesen Propheten, nicht zufällig, sondern um ihn zu ehren. Er machte von seiner königlichen Freigebigkeit Gebrauch und beehrte ihn mit dem Titel und Rang eines Rates und Leibarztes. Es würde zu weit führen, wollte ich hier alles aus der Schrift ableiten, was er vorher gesagt hat, weder im einzelnen noch im Zusammenhang, und überflüssig sein, zu erwähnen, wie viele Gelehrte, große Herren und andere Leute aus allen Gegenden zu ihm kamen wie zu einem Orakel, ebenso unnötig, das zu erwähnen, was Jerome von Titus Livius sagte.

Während dieser Reise des genannten Königs Karl vollendete er das 60. Lebensjahr und da er schon sehr schwach und hinfällig wurde, durch die Krankheiten, die ihn oft betrübten – Gelenkrheumatismus und Gicht – erwartete er beständig sein Todesjahr (als Stufe der Weiterentwicklung). Er starb am 2. Juli 1566 kurz vor Sonnenaufgang, indem jener Gelenkrheumatismus in Wassersucht überging und nach Verlauf von acht Tagen den Erstickungstod herbeiführte.

Dass ihm Tag und Stunde seines Hinscheidens genau bekannt war, könnte ich mit Wahrheit bezeugen. Ich erinnere mich sehr wohl, dass er gegen Ende Juni des genannten Jahres eigenhändig in die Ephemeriden des Jean Stadius folgende lateinische Worte eingetragen hatte: „Hic prope mors est." („Hier ist mein Tod nahe.")

Als ich am Tage vor seinem Tode tagsüber lange bei ihm gewesen war und spät abends Urlaub nahm bis zum nächsten Morgen in der Frühe, sagte er mir folgende Worte: „Bei Sonnenaufgang findest du mich nicht mehr am Leben."

Auf sein Grabmal setzte man jene Inschrift, die derjenigen des großen römischen Geschichtsschreibers Titus Livius nachgeahmt war und sich heute in der Kirche der Franziskaner von Salon befindet, wo sein Leib würdig beigesetzt ist. Die lateinische Inschrift würde ich folgendermaßen übersetzen:

Hier ruhen die Gebeine des Michel Nostradamus, dessen beinahe göttliche Feder, von allen geachtet, würdig war, zu schreiben und den Menschen mitzuteilen, die nach dem Einfluss der Sterne kommenden Ereignisse rund auf dem ganzen Erdball.
Gestorben zu Salon de Craux in der Provence im Jahre 1566 am 2. Juli im Alter von 62 Jahren, sechs Monaten und 17 Tagen.
Nachwelt, berühre seine Gebeine nicht, beneide ihn nicht um seine Ruhe.

Er war etwas unter mittelmäßiger Statur, von kräftigem Körperbau, munter und fröhlich. Er hatte eine hohe Stirn, gerade Nase, graue Augen, einen sanften flackernden Blick, ein ernstes und freundliches Gesicht mit Humanität gepaart, rote Wangen, Sehkraft bis zum höchsten Alter, einen langen dichten Bart, war von guter, frischer Gesundheit (vom Greisenalter abgesehen) und sein Gebiss war vollständig.

Von Geist war er lebhaft und gut, leicht begreifend alles was er wollte. Sein Urteil war scharfsinnig, sein Gedächtnis gut und elastisch, von Natur schweigsam und viel denkend und wenig sprechend, sehr gut unterhaltend an passendem Ort und Zeit, im übrigen aufmerksam, schlagfertig, von plötzlicher Entschlusskraft und arbeitsam: Er schlief nur 4–5 Stunden, war gerecht, frei in der Ausdrucksweise, freudig, zu Späßen geneigt, er konnte platzen vor Lachen. Er billigte die Zeremonien der Römischen Kirche und hielt den Glauben der katholischen Religion. Auch außerhalb derselben, versicherte er, gäbe es kein Heil. Er tadelte diejenigen schwer, die sich aus ihrem Schoß zurückzogen, sich abbringen ließen durch die Milde und Freiheiten fremder Glaubenslehren, die er verdammte. Er prophezeite ihnen ein schlechtes verderbliches Ende. Ich will nicht vergessen zu sagen, dass er sich in der Jugend gern Gebetsübungen hingab und leidenschaftlich gern Almosen verteilte. Er verabscheute das Laster und mied es streng. Ich erinnere mich, dass, wenn er Armen gab – gegen diese war er sehr freigebig und barmherzig –, er gewöhnlich das Wort der Heiligen Schrift im Munde führte: „Schafft euch Freunde mit dem ungerechten Mammon!"

Von seiner zweiten Frau hinterließ er sechs Kinder, drei Söhne und drei Töchter. Der erste Knabe hieß Cesar, ein sehr munterer und anmutiger Charakter. Diesem überreichte er seine erste Zenturie, von der wir große Dinge erhoffen dürfen. Ich habe von diesen Dingen auch im Kommentar an mehreren Stellen das Gleiche gefunden, besonders für das

Jahr 1559 und Monat Juli, worauf ich den Leser verweise.

Von den Kindern seines Geistes, übergehe ich das zweite stillschweigend, hat er die 12. Zenturie als Weissagung geschrieben, kurz in Vierfüßern gefasst. Nach dem griechischen Wort hat er sie mit „Prophetis“ (Weissagung) betitelt. Drei davon sind unvollständig, die 7., 9. und 11.

Diese letzteren hat man lange Zeit zurückgehalten und hält sie noch zurück wegen des Unglücks der Zeit – endlich werden wir ihnen das Tor öffnen.

Wir besitzen von ihm noch andere Weissagungen in Prosa, die er seit dem Jahre 1550 geschrieben hat. Bis zur 67., welche von mir meistenteils gesammelt sind und in 12 Büchern verfasst sind, sind sie würdig der Nachwelt empfohlen zu werden. Diese enthalten unsere Geschichte mit allen Unruhen, Kriegen und Geschehnissen der Gegenwart und Zukunft.

Dem unbesiegbaren, sehr mächtigen und sehr christlichen

Heinrich II.

König von Frankreich

sehr ergebener und gehorsamster Diener und Untertan

Michel Nostradamus

Glück und Sieg zuvor!

Seit jener höchsten Beobachtung, die ich an dem sehr christlichen und sehr siegreichen Könige gemacht habe, zeigt sich mein schon seit langem verfinstertes Gesicht, vor der Gottheit Eurer hehren Majestät, fortwährend geblendet und wird nicht aufhören, jenen Tag würdig zu verehren, an dem ich zum ersten Male vor Eurem, als einer ausgezeichneten, menschenfreundlichen Majestät erschien. Ich suche nun nach einer Gelegenheit, das gute Herz und Gemüt zu offenbaren, damit Eure durchlauchtigste Majestät weit und breit bekannt werden möchte. Durch meine so lang anhaltende Verfinsterung und Umnachtung sah ich ein, dass es mir in der Tat nicht möglich war, es zu erklären, bis plötzlich ein Lichtschein auf mich übertragen wurde von dem Blick des hehren Auges des ersten Monarchen der Welt, sodass ich lange im Zweifel war, wem ich diese drei Zenturien von dem Rest meiner Prophezeiungen widmen sollte, um das Tausend voll zu machen. Lange Zeit von einer verwegenen Kühnheit gezwungen, habe ich meine Adresse an Euer Majestät gerichtet, eingedenk dessen, was der zuverlässige Geschichtsschreiber Plutarch in seinem „Leben des Lykurg" erzählt von den Darbietungen und Geschenken, welche man in den Tempeln der unsterblichen Götter jener Zeiten als Opfer brachte. Man möge nicht erstaunt sein über die häufigen Wiederholungen von Phrasen und Sätzen, wie sie in den Tempeln Gebrauch waren. Da ich dessen ungeachtet Eure königliche Hoheit von einer unvergleichlichen Menschenfreundlichkeit beseelt weiß, habe ich meine Adresse gerichtet, nicht wie an die Persischen Könige, wo es nicht gestattet war, sich ihnen zu nähern, noch zu ihnen zu gehen, sondern habe meine nächtlichen Erscheinungen und prophetischen Eingebungen einem sehr klugen und sehr weisen Fürsten gewidmet. Dieselben entstehen aus einem natürlichen Trieb, begleitet von poetischem Feuer, ganz nach den Regeln der Poesie, und meistens zusammengesetzt und akkordiert an astronomischen Berechnungen, entsprechend den Jahren, Monaten und Wochen der einzelnen Gegenden, Landstriche, vieler Dörfer und Städte von ganz Europa, Afrika und einem Teil von Asien, je nach Veränderung der Gegenden mit ähnlichen klimatischen und natürlichen Verhältnissen.

Und besonders für einen sehr menschenfreundlichen König sind die meisten der vierzeiligen Dichtungen so holprig, dass man sie nicht verdolmetschen kann, ohne zu erwarten, dass die Jahre, Orte, Städte, Gegenden, in denen das meiste sich ereignen wird, selbst die Jahre 1585 und 1606 unerwähnt bleiben.

Ich beginne mit der jetzigen Zeit, dem 14. März 1547, bis zum Eintreffen des Ereignisses, zu Beginn des siebenten Jahrtausends berechnet, sodass meine astronomische Berechnung wenig entfernt ist von dem Zeitpunkt, wo die Gegner von Jesus Christus und seiner Kirche stärker anfangen werden, sich zu vermehren. Das Ganze ist berechnet nach Tagen und Stunden und gut angeordnet und so rechtmäßig, als es mir möglich war. Und der Tag der *Minerva libera et non invita*, der fast ebenso nach den Geschehnissen der Zeit aus der Vergangenheit berechnet ist, wie vergangene Zeitalter aus der Gegenwart und aus dem, was man aus dem Zeitlauf aller Gegenden erkennen wird, wird erscheinen genau so namentlich angeführt, wie es geschrieben steht, worin ich nicht übertreibe, wie man zu sagen pflegt: „Was man von den zukünftigen Dingen weiß, ist überhaupt nicht bestimmte Wahrheit." Wohl ist es wahr, Sire, dass ich infolge meines natürlichen Triebes, der mir durch meine Eingebungen zuteil geworden ist, weissagen kann, indem ich mich nach meiner langen Berechnung richte und muss mit aller Ruhe den Mut haben zur genauesten Sorgfältigkeit und Mühe. Das Ganze in Einklang gebracht und teilweise vorhergesagt, ist ein gefährliches Spiel. Wenn es auch Leute gibt, die meine Fähigkeiten für nichts erachten, so ist doch Gott allein, der die Gemüter der Menschen beseelt, ein gerechter, frommer und barmherziger Richter, zu dem ich bitte, dass er mich gegen die Schmähungen der Bösewichter verteidige, die sich verleumderisch die Köpfe zerbrechen, weshalb alle Eure ältesten Vorfahren als Könige von Frankreich Wunden geheilt haben, aus welchem Grunde andere Leute Schlangenbisse heilen und wieder andere einen gewissen Trieb zeigen zur Offenbarung göttlicher Kunst. Doch das alles hier zu erzählen würde zu weit führen. Dessen ungeachtet wird denjenigen, welchen die Boshaftigkeit des durchtriebenen Geistes unverständlich ist, trotz dem Zeitlauf nach meinem irdischen Hinscheiden, mehr an meiner Schrift gelegen sein, als an meinem Leben, wenn ich mich auch in der Berechnung der Zeitalter geirrt hätte oder sie nicht nach irgend jemands Wunsche gewesen wäre. Es wird Euer mehr als kaiserlichen Hoheit gefallen, mir zu verzeihen, wenn ich vor Gott und seinen Heiligen bekenne, dass ich nicht behaupte, im gegenwärtigen Kapitel irgend etwas zu schreiben, das gegen den wahren katholischen Glauben verstößt, indem ich die mit meinem Wissen verbundenen astronomischen Berechnungen heranziehe. Denn der Zeitraum unserer ersten Vorfahren ist der, dass Adam vor Noah lebte, doch ich unterwerfe mich der Verbesserung eines geheiligten Urteils.

Adam lebte ungefähr 1242 Jahre vor Noah, nicht nach den Zeitangaben der Menschen, wie Sarron geschrieben hat, sondern allein nach den Angaben der geheiligten Schrift und meines schwachen Geistes auf Grund astronomischer Betrachtungen. Nach Noah selbst und der allgemeinen Sintflut kam Abraham ungefähr 1080 Jahre später. Dieser war ein bedeutender Astrologe wie kein anderer. Er entdeckte zuerst die chaldäischen Wissenschaften.

Nach ihm kam Moses ungefähr 515 oder 516 Jahre später.

Die Zeitspanne von Moses bis David betrug ungefähr 570 Jahre. Danach begann die Zeit Davids bis zu den Zeiten unseres Herrn und Heilandes Jesus Christus, geboren von der erhabenen Jungfrau. Sie berechnen sich auf 1350 Jahre, von keinem Chronographen angedeutet. Man wird einwenden können, dass diese Berechnung nicht der Richtigkeit entspricht, da sie von den Angaben des Eusebius abweicht. Darauf folgt die Zeit der menschlichen Erlösung bis zu der abscheulichen Verschleppung durch die Sarazenen, sie beträgt ungefähr 621 Jahre (Mohammed). Hiernach sich die verflossene Zeit leicht addieren und feststellen lässt, ob meine Berechnung gut und alle Nationen hindurch gültig ist, da alles nach Sternumlaufszeiten berechnet ist, gemäß gewissen Verbesserungen, welche meine Vorfahren hatten fallen lassen. Jedoch deren falsche Berechnung der Zeit beruht darauf, dass man solche Ereignisse, auf Grund eines rätselhaften Urteils nur einseitig aufgefasst hat, ohne auch nur daran zu denken, dass die Berechnung ein zweideutiges Urteil zuließe. Aus unklaren Zeitbegriffen heraus haben die 1000 Propheten, die seit Erschaffung der Welt aufgetreten sind, nur einen aufzuweisen, der nach phönizischer Zeitrechnung eine richtige Berechnung aufgestellt hat, nämlich *Joel.* „Ich werde meinen Geist ausgießen auf alles Fleisch und es werden weissagen eure Söhne und Töchter.“ Solche Weissagung geschieht aus dem Munde des heiligen Geistes, aus welchem die hehre himmlische ewige Macht spricht. Niemand von den anderen hat es vermocht, große und wunderbare Geschehnisse vorauszusagen. Ich an dieser Stelle wage es nicht, mir einen Titel beizulegen, der Gott nicht gefällt, ich bekenne vielmehr, dass alles von Gott kommt, ihm verdanke ich Ehre und unsterblichen Ruhm, doch will ich nicht Weissagerei hineingelegt haben; sie kommt aus dem Schicksal, von Gott aber kommt die Natur, das „Sein“.

Zumeist geleitet von dem Wandel der Sterne, sieht man wie in einem leuchtenden Spiegel, gleich nebelhaften Visionen die großen gewaltigen traurigen Ereignisse unheilvoll sich nähern durch die hohen Priester. Zunächst sehe ich den Abfall von den Tempeln Gottes, sodann einen Verfall durch die Erdgebundenen mit tausend unheilvollen Ereignissen sich nahen. Gott wird betrachten die lange Unfruchtbarkeit der großen Dame, darauf wird sie zwei Kinder erhalten, die sich besonders hervortun werden. Jedoch nach dem 18., höchstens dem 36. Jahre wird sie in Todesgefahr schweben und wird drei männliche und ein weibliches Wesen hinterlassen, jedoch nicht von dem gleichen Vater. Zwei von den drei Brüdern werden verschieden sein. Wenn beide vereinigt sind, werden mehr als drei Viertel von Europa vor dem jüngeren erzittern. Eine christliche Monarchie wird erstehen, beschützt und vermehrt. Prahlerische Sekten werden plötzlich gedemütigt, Araber werden bekehrt, Königreiche vereinigen sich, neue Gesetze werden proklamiert. Von den anderen Kindern wird das erste die wütenden Löwen besetzt halten, mit gekröntem Haupte, furchtlos mit den Waffen in der Hand seine Eltern bekämpfend. Das zweite wird im Bunde mit den Lateinern sich so enthusiasmieren, dass er zum zweiten Male den Weg zum Berge Jewis beschreitet, Zittern und Wut geht vor ihm her. Er wird von ihm herabkommen und die Phyrenäen besteigen; zur alten Monarchie wird er nicht hinübergeführt werden; ein drittes allgemeines Blutbad wird entstehen, lange wird sich der Mars nicht in den Fasten befinden. Die Tochter wird gegeben werden zur Erhaltung der christlichen Kirchen, deren Beherrscher der heidnischen Sekte neuer Ungläubiger anheim gefallen ist. Sie wird zwei Kinder haben, eins für die Gläubigen, das andere für die Ungläubigen, um die katholische Kirche zu verbreiten. Letzterer wird in großer Verwirrung und später Reue befangen, sie zu vernichten trachten. Die extremsten Unterschiede werden entstehen aus drei verschiedenen Gegenden, das sind das römische Reich, Germanien und Spanien. Mit bewaffneter Hand entstehen verschiedene Sekten, südlich des 50. resp. 52. Breitengrades. Alle Menschheit der weitentferntesten Religionen wird verschmelzen mit den Religionen Europas nördlich vom 48. Breitengrade, wo die Religion zuerst schüchtern aufkeimen wird, dann mächtig erschwingt und Westen, Süden und Osten mit solcher Macht, dass durch Eintracht und unerhörte Vereinigung kriegerische Eroberungen gemacht werden mit Feuer und Schwert. Von Natur sind die Völker gleich, doch von Glauben sehr verschieden.

Nach diesem allen wird die unfruchtbare Dame sich in zwei Völkern mit noch größerer Machtentfaltung zeigen. Das erste ist hartnäckig, durch den, welcher Macht über alle gehabt hat, das zweite wird seine Kräfte ausbreiten gegen den Osten Europas, den es mit Waffengewalt an die Grenzen gedrückt und unterworfen hat. Es wird sich bis über das Meer ausbreiten bis nach Trinacria, Adria, Mirmido und Deutschland und alles unterwerfen und wird die barbarische Sekte in allen Nationen sein, sehr gedrückt und vertrieben. Danach wird das große Reich des Antichristen beginnen in die Arda und Zersas zahllos hinabzusteigen, sodass der heilige Geist, der auf dem 24. Breitengrad heraufsteigt, überwandern wird, wegtreibend zu dem Gräuel des Antichrist, der das Königreich mit Krieg überzieht und Jesus Christus, seine Kirche und sein Reich besiegend, eine Zeit hindurch, die Zeitgelegenheit wahrnehmend.

Es wird eine Sonnenfinsternis folgen, die größte und finsterste seit Erschaffung der Welt und seit Christi Leiden. Sie wird stattfinden im Monat Oktober, alles wird fliehen, die Schwerkraft der Erde wird aufgehoben, sie selbst ihre natürliche Bewegung verlieren. In beständige Finsternis geschleudert, nach einer verseuchten Zeit werden extreme Wechsel und Umwälzungen in der Regierung folgen. Durch großes Erdbeben wird ein neues Babylon hervorwuchern als elende Tochter, noch elender durch die Gräuel des ersten Sühnopfers, doch wird sie sich nur 73 Jahre und sieben Monate halten. Alsdann wird aus dem Stamme hervorgehen diejenige, welche so lange unfruchtbar war, anscheinend am 50. Breitengrad. Sie wird die ganze christliche Kirche erneuern. Großer Friede und Eintracht werden geschlossen zwischen den Kindern der auseinander geratenen Front. Verschiedene Königreiche werden einen Frieden schließen, der fester gegründet ist. Die Kriegspartei wird sich demütigen, das Reich des Rabieux wird vereinigt werden, Weises wird man nachahmen. Gegenden, Dörfer, Städte, Königreiche und Provinzen, welche die ersten Wege verlassen haben werden, um sie zu befreien, schließen sich fester zusammen und sind heimlich ihrer Freiheit müde. Die verlorengegangene Religion beginnt allmählich zurückzukehren, die lange unterdrückte Heiligkeit wird mit ihrer priesterlichen Schrift wieder eingesetzt, nachdem der große Hund fortgegangen ist, der größte Kerl, der alles zerstört hatte, der Verbrechen selbst begangen hatte, wird die Tempel wieder einrichten, wie in früherer Zeit. Er wird den Clerus mit seinem priesterlichen Staat wieder einsetzen, aber er wird auch anfangen, üppig zu wuchern und tausend Freveltaten zu begehen. Man wird einer neuen Treulosigkeit nahe sein, wie in der Zeit seiner höchsten Blüte und wird sich Machtbefugnisse und militärische Streitkräfte antun. Ihm selbst werden die beiden

Schwerter abgegürtet werden und es werden ihm nur seine Abzeichen bleiben, bis aus der seit langem unfruchtbaren Dame ein neuer Zweig entsteht, der das Volk aus jener Herrschaft befreien wird, indem er sich wieder in den Schutz des Mars begibt, den Jupiter aller der Ehren und Würden beraubend, die er wegen der befreiten und in einem neuen Mesopotamien wieder aufgebauten Stadt gehabt hätte.

Der Anführer und Statthalter wird durch eine lange vorbereitete Verschwörung vertrieben werden mit einem zweiten Traschbul an der Spitze, von der er nichts weiß. Gegen Ende des Wechsels wird er von seiner Regierung zurücktreten, nachdem schmutzige und gemeine Gräueltaten, die im Verborgenen vorbereitet waren, offenbart worden sind. Gott wird sich von den Häuptern der Kirche abwenden, mehrere werden vom wahren Glauben abfallen und von drei Sekten wird die mittlere durch ihre Priester etwas in Verfall geraten. Die erste jedoch wird gänzlich durch Europa und den größten Teil von Afrika vertilgt werden durch die Armen im Geist, welche hervorgehen aus gefühllosen und ungebildeten Menschen und aus Unzucht. Das gemeine Volk wird sich erheben, geschlossen wird es die Anhänger der Gesetzgeber verjagen. Scheinbar werden die Königreiche durch die Orientalen entkräftet, gleichsam als hätte Gott der Allmächtige den Satan aus seinem höllischen Gefängnis gelöst, um den großen Gog und Magog entstehen zu lassen, welche eine so große Zersplitterung in den Kirchen hervorrufen werden. Die Roten und die Weißen werden nicht mehr beurteilen können, welches das Rechte ist. Die Anhänger der Kirchen werden sich gegenseitig derart verfolgen, wie es noch nie geschehen ist. Zu alledem wird sich eine Pestilenz verbreiten, welche mehr als 2/3 der Menschheit dahinrafft. Wohnungen, Häuser und Felder wird man kaum zu erkennen vermögen. In den Straßen der Städte wird Gras wachsen bis über halbmannshoch. Jede nur denkbare Schädigung wird man der Geistlichkeit bereiten. Alles, was aus der Sonnenstadt (von Malta?) und den Inseln gerettet sein wird, werden sich diese Kriegsfurien aneignen. Die Kette vor dem Hafen, in dem der Seestier haust, wird offen sein.

Von den Meeresgestaden her wird ein neuer Einfall gemacht werden, im Sturm Castulum zu befreien, das von den Mohammedanern erobert wurde. Verehrer der Jovialisten werden die Wohnung Abrahams erstürmen. Jene Stadt Achem wird belagert und erstürmt werden von allen Seiten durch große Heeresmacht. Ihre Seemacht wird gebrochen werden durch die im Westen Wohnenden. In diesem Königreiche wird eine große Zerstörung vor sich gehen, die größten Städte werden entvölkert und die, welche eintreten, werden erfüllt sein von der Rache und dem Zorn Gottes. Das Grab der großen Verehrung wird lange Zeit unter der Herrschaft des Himmelsauges (Mond) bleiben. Der heilige Ort wird verwandelt werden in einen Haufen entweihter Substanzen. Welch unheilvolle Bekümmernis werden schwangere Frauen haben! Der Osten wird am meisten beunruhigt werden durch die nördlich und westlich Wohnenden. Die besiegten Einwohner werden getötet, verjagt, gehetzt, Kinder und Frauen werden in die Gefangenschaft geschleppt, auf dass erfüllt werde die Prophezeiung.

Fürsten, Statthalter und Seemächte werden den Orient gewaltsam unterdrücken, seine Sprache wird mit derjenigen der Lateiner verschmelzen, das Arabische mit dem Phönizischen, deren Könige werden vertrieben und vertilgt, nicht zum wenigsten durch die Streitkräfte der Könige von Aquitanien und nahe um die Zeit unseres Jahrhunderts durch drei Verleumder, die sich gegenseitig heimlich zu töten suchen und sich durch Hinterlist in Unruhe versetzen.

Das Wiederauftauchen des Triumvirats, es wird sieben Jahre bestehen und sein Ruf sich über die Welt verbreiten. Das Heiligtum der unbefleckten Hostie wird bewahrt bleiben. Zwei Herren von Aquitanien werden über die Orientalen siegreich sein. Der ganze Orient wird von Kriegsgeschrei ertönen und zittern vor dem Schrecken jener von Aquiton. Auf Grund des Gesagten behaupte ich dann, Sire, wenn auch etwas verworren, dass die Aufzählung der Zeit keineswegs oder nur sehr wenig übereinstimmt mit dem früher Gesagten. Durch astronomischen Aspekt wie durch die Heilige Schrift selbst, die doch nicht täuschen kann, möchte ich für jeden Quadranten die Aufzählung der Zeit nach Möglichkeit machen. Doch allen wird es nicht angenehm sein, sie zu deuten, wenigstens möge Euer Majestät mir gestatten, es zu tun, damit ich den Bösewichtern nicht Grundursache gebe, mich zu ermorden.

Auf jeden Fall beträgt die Anzahl der Jahre von der Erschaffung der Welt bis zur Geburt Noahs 1506 – von da bis zur Fertigstellung des Baues der Arche 600 Jahre, gemeint sind Sonnenjahre oder Mondjahre oder beides gemischt. Die Heilige Schrift rechnet nach Sonnenjahren. Am Ende dieser 600 Jahre trat Noah in die Arche, um sich vor der Sintflut zu retten. Diese über die ganze Erde verbreitete Sintflut dauerte 1 Jahr und 2 Monate. Von beendigter Sintflut bis zur Geburt Abrahams verliefen 295 und von da bis zur Geburt Isaaks 100 Jahre, von Isaak bis Jakob 60 Jahre. Von der Stunde des Einzugs in Ägypten bis zum Auszug vergingen 430 Jahre, und vom Auszug der Kinder Israel bis zum Tempelbau durch Salomon im vierten Jahre seiner Regierung vergingen 480 Jahre. Vom Tempelbau bis Jesus, nach der Rechnung der Hierographen, verflossen 490 Jahre. Diese meine Rechnung, ergänzt durch die Heilige Schrift, beläuft sich auf 4173 Jahre, acht Monate mehr oder weniger. Jesus Christus und die Mannigfaltigkeit der Sekten übergehe ich und berechne die gegenwärtigen Prophezeiungen nach dem Solarhoroskop und meiner natürlichen Eingebung.

> Der Saturn steht vom 7. April bis 15. August im Steinbock, der Jupiter steht vom 14. Juni bis 7. Oktober im Wassermann, der Mars steht vom 17. April bis 22. Juni im Skorpion, der Merkur steht vom 3. Februar bis 24. Februar im Steinbock, Wassermann und Fische, die Venus steht vom 9. April bis 22. Mai in den Fischen, der Mond im Wassermann, der Drachenkopf in der Waage, der Drachenschwanz im Widder.

Es folgt später eine Konjunktion Jupiter/Merkur mit einem Quadratschein Mars/Merkur, der Drachenkopf steht in Konjunktion mit Sonne und Jupiter. Das Jahr wird friedlich ohne Sonnenfinsternis sein, doch wird zu Beginn des berechneten Jahres 1547 eine größere Verfolgung in der christlichen

Kirche stattfinden, die nicht aus Afrika stammt. Sie wird anhalten bis zum Jahre 1792, wo man eine Wiederherstellung des Jahrhunderts (kalendermäßig) durchführen wird. Nachdem wird das Römische Volk anfangen, sich zu fühlen, etwas von seiner priesterlichen Würde annehmen, doch wird es große Uneinigkeit und ständigen Wechsel geben. Zu großer Machtentfaltung gelangt, wird es seine Flügel erheben, wie kaum zu den Zeiten des alten Rom. Zu jener Zeit wird sich eine große byzantinische Seemacht mit der Ligustrischen vereinigen unter Mithilfe der Seemacht des Nordens, doch werden ihnen zwei Kretenser hinderlich sein, welche ihnen nicht die Treue halten. Die von den alten Kriegskundigen erbauten Bogen werden von den Wellen des Neptun hinweggerissen. Am Adriatischen Meere wird eine große Zwietracht herrschen, vereint gewesenes wird sich trennen. Häuser, große Städte und Länderstriche des Pempetan, das Mesopotamien Europas umfassend, werden sich verschieben vom 45. Breitengrad auf den 42., 41. und 37. In jener Zeit und Gegend wird die höllische Macht gegen die Kirche Jesu Christi die Macht der Gegner aufhetzen. Der zweite Antichrist wird die Kirche und ihren wahren Stellvertreter verfolgen mit Hilfe der derzeitigen Könige, die in ihre Unwissenheit verrannt, ihm das Schwert aus der Hand entreißen werden. Die erwähnte Herrschaft des Antichristen wird jedoch nur dauern bis zur Vollendung dieser Zeitspanne und seinen Sitz haben im Gebiete von Modena, Fuley und Ferrara im Schutze der Adriatischen Ligurier und in der Nähe der großen Trinakria (Sizilien). Alsdann wird der Berg Jovis sich bewegen. Die Gallier werden in einer so großen Anzahl, als das Gebiet ihres weitreichenden Gesetzes vermag, einige Zeit darauf das Blut der Unschuldigen reichlich vergießen, durch die Schuldigen, die ein wenig höher gestellt sind. Zahllose Menschen werden durch große Wasserfluten untergehen. (Siehe republikanische Hochzeiten). Sogar die Vorstellung solcher Vorgänge wird durch den göttlichen Willen Verderben bringen. Satan wird noch einmal gebunden sein. Die Menschen werden einen allgemeinen Frieden schließen, die Kirche Jesu Christi wird von jeder Trübsal befreit sein, wie gern auch die „Stickstoffhaltigen" (Übelriechenden) Galle in den Honig mischen möchten durch ihre verpestenden Verführungsversuche.

Um das siebente Jahrtausend herum wird die heilige Kirche Jesu Christi durch die Ungläubigen nicht mehr belästigt werden, die von Norden kommen werden. Die Welt nähert sich einigen großen Bränden und Umwälzungen, trotzdem geht der Lauf der Zeit, wie aus meinen prophetischen Berechnungen hervorgeht, viel weiter.

In dem Briefe, den ich im vergangenen Jahre meinem Sohn Cesar Nostradamus übergeben habe, habe ich jeden Punkt genügend klargelegt, ohne Vorhersagen. Hier jedoch sind mehrere große und wunderbare Ereignisse zusammengefasst, welche die Nachwelt erfahren wird. Gemäß der astrologischen Berechnung und verglichen mit der Heiligen Schrift wird die Verfolgung der Kirchenanhänger ihren Ursprung haben in der Machtentfaltung der nordischen Könige, die sich mit den östlichen vereinigt haben und wird elf Jahre dauern. Kurz vorher wird der bedeutsamste nordische König sterben. Nach Ablauf der elf Jahre wird sein südländischer Bundesgenosse plötzlich auftreten und drei Jahre lang die Anhänger der Kirche noch mehr verfolgen durch Verlockung eines Apostels, welcher unumschränkte militärische Kirchenmacht besitzt. Das heilige Volk Gottes, als der Erhalter seines Gesetzes, sowie jeder religiöse Orden wird heftig verfolgt und derart niedergemetzelt werden, dass das Blut der wahren christlichen Anhänger an allem klebt. Einem dieser schrecklichen Könige werden seine Anhänger Lobeshymnen singen, er habe mehr unschuldiges Christenblut verspritzt, als er habe Wein saufen können. Jener König wird unglaubliche Gräueltaten an der Kirche begehen. Menschenblut wird in den Straßen und öffentlichen Tempeln fließen, wie das Wasser nach einem stürmischen

Regen. Benachbarte Flüsse färben sich rot vom Blut, durch Seekriege wird das Meer sich röten. Der Rapport des Königs an einen anderen besagt: „Durch Seekriege färbte sich das Meer rot."

Im selben und den darauf folgenden Jahren wird eine große Pestilenz ausbrechen mit darauf folgender Hungersnot. Es wird eine so große Trübsal entstehen, wie sie seit Gründung der Kirche weder in lateinischen noch in spanischen Gegenden gewesen war.

Der dritte nordische König hört in der Hauptsache von dem Wehklagen des Volkes, rüstet ein großes Heer aus und durchzieht die Engpässe der Gipfel seiner letzten Plünderungszüge und setzt den größten Teil wieder in seinen früheren Stand. Der große Stellvertreter des Kapottenmantells wird wieder in seinen priesterlichen Staat eingesetzt, wenngleich sehr betrübt und verwüstet. Dann aber von allen verlassen, wird wiederum eine Zerstörung des Allerheiligsten beginnen durch das Heidentum. Das alte und neue Testament werden weggeworfen, verfolgt und verbrannt. Danach wird der Teufel der Antichrist sein. Noch vom letzten Male her werden die Königreiche der Christen und der Ungläubigen 25 Jahre lang in Furcht und Schrecken verbringen, schwere blutige Schlachten und Kriege werden geführt, Dörfer, Städte, Schlösser und alle anderen Gebäude werden verbrannt, verwüstet und zerstört, wütend werden Jungfrauen und Frauen hingeschlachtet, Witwen geschändet, Säuglinge gegen die zerstörten Wände geschleudert und soviel Unheil wird durch den höllischen Fürsten Satan angerichtet werden, dass fast die ganze Welt zerstört und verwüstet sein wird. Bevor jene ungewöhnlichen Ereignisse eintreten, wird kein Vogel sein Huy-Huy durch die Lüfte schreien, ohnmächtig werden sie nach einiger Zeit niederfallen.

Nachdem solches alles lange genug gedauert hat, wird eine neue Herrschaft des Saturn in die Erscheinung treten, das goldene Zeitalter. Gott der Allmächtige Schöpfer, wird die Betrübnis sehen und das Wehklagen seines Volkes erhören und befehlen, dass Satan in die äußerste Ecke seines unterirdischen Gefängnisses geschleudert wird. Dann wird Gott mit den Menschen einen allgemeinen Frieden machen, welcher 1000 Jahre gebunden bleiben wird. Die Kirchenmacht wird sich in die größte Erdenmacht umwandeln, dann wird alles erfüllt, ausgelöst sein. An den Stellungen des Saturn, Jupiter und Mars erkennt man, dass alle diese Figuren genau den göttlichen Schriften und himmlischen Zeichen angepasst sind. Die übrigen Konstellationen sind mehr oder weniger perfekt ohne Quadraturen. Ich hätte genauer berechnen können, dem einen oder anderen mehr angepasst, aber dann werden einige die Deutung für schwierig erachten und ich täte besser, meine Feder niederzulegen, zugunsten meiner Nachtruhe.

Vieles auch, o allermächtigster König, wird sich in kurzer Zeit klar und deutlich ereignen, aber alles in diesen an Dich gerichteten Brief hineinzuschreiben kann und möchte ich nicht, doch zum allgemeinen Verständnis mussten gewisse schreckliche Ereignisse und einige Schicksalsschläge angedeutet werden.

Motto:
Ich gebe in dem Spiel von tausend dunklen Reimen,
Entdeckend und verbergend, was Zukunft wird entkeimen.
An Hauptergebnissen der größten Potentaten,
Der Neugier eine Folter, wenn sie es will erraten,
Denn eine lange Reih' von Vorfäll'n ist verzeichnet,
Die man erst dann erkennt, wenn sich die Tat ereignet.

Die Zenturien des Nostradamus

und ihre Erklärungen in geschichtlicher Zeitfolge.

Die Prophezeiungen des Nostradamus in den vorliegenden Vierzeilern beginnen mit dem Jahre 1555, wie aus anderen Niederschriften ersichtlich ist. Sie erstrecken sich über 23 Jahrhunderte und enthalten eine fortlaufende Geschichtsschilderung bis zum Jahre 3797 post Christum natum. Ihre sonderbaren Verschleierungen sind hauptsächlich aus der Notwendigkeit der Zeitumstände zu erklären.

Er lehnt die Astrologen seiner Zeit ab (wie übrigens auch Kepler, die alten Propheten aller Einweihungen und auch die neueren ernsthaften Vertreter des Sternenglaubens einen Trennungsstrich zwischen sich und den geschäftstüchtigen Planetenguckern gezogen haben) und stellt seinen Zenturien eine Schutzformel an die Spitze. Es ist dies die einzige lateinische Strophe hinter der sechsten Zenturie.

Wer die folgenden Verse liest, soll sie sorgfältig prüfen.
Gemeines und unwissendes Volk soll nicht darin belehrt werden,
Desgleichen Astrologen, Barbaren und Dummköpfe sollen fernbleiben.
Wer dagegen handelt, ist rechtsgültig verflucht.

Das allgemeine und unwissende Volk soll nichts von den Prophezeiungen zu wissen bekommen, weil dieses die Verse doch nicht verstehen würde und sie das Volk nur verwirren müssten. Hatte er doch böse Erfahrungen mit den einfachen Leuten gemacht. Einige ungebildete Bauern nannten ihn einst einen Hexenmeister und Teufelsanbeter, worauf er antwortete: „Geht, ihr Elenden, ihr werdet mir weder während meines Lebens, noch nach meinem Tode den Fuß auf die Kehle setzen.“ Da die sterblichen Überreste des Sehers in der Minoritenkirche, links von der Hauptpforte im Innern der Wandung beigesetzt sind, so erfüllte sich sein Ausspruch wörtlich, dass man sein Grab nicht zertreten könne.

Der wahre Prophet hat nichts zu verbergen und so stellt er an die Spitze seiner Zenturien zwei Verse, welche zeigen sollen, auf welche Weise er zur Kenntnis der verborgenen Dinge gelangt ist. Dieses

Bekenntnis ist für die Menge vollständig ungefährlich, da die „Manipulation“ nicht einfach nachgemacht werden kann, sondern neben der angeborenen Anlage auch eine notwendige wissenschaftliche Unterlage beansprucht, die nicht jedermann zu erreichen möglich ist.

Zenturie 1, 1 und 2.

Sitz ich, zu forschen in geheimen Dingen,
Des Nachts allein auf ehernem Gestühl,
Lässt eine winz'ge Flamme das gelingen,
Was für den Glauben niemals ist zuviel.

In banger Ehrfurcht vor dem Götterlicht
Ergreift die Hand den Stab an seinen Zweigen.
Ein sanfter Wind umwellet das Gesicht,
Die Stimme tönt, Verborgnes will sich zeigen.

Die Nacht ist nicht jedes Menschen Freund – sollen doch den Erdschatten dunkle Wesenheiten bevölkern, die dem Menschen alles neiden. Dennoch öffnet sich in der Abgeschlossenheit der nächtlichen Weltruhe die freie Phantasie, und wenn sie durch die Intuition inspiriert wird, der geschulte Geist sich in den geeigneten Zustand zu versetzen vermag, so sollen ferne Welten zu uns sprechen, die dem Tagesbewusstsein fern, sonnenfern sind. An besondere Seancen werden wir durch die Vorrichtungen erinnert, durch den ehernen Dreifuß an die Orakel des Altertums, durch den Stab mit den Zweigen an die Wünschelrute, durch den sanften Wind an somnambule Ekstasen, durch die winzige Flamme vielleicht sogar an materialisierte Erscheinungen. Vielleicht hat Nostradamus gesehen und gleichzeitig die Erklärungen durch sein geistiges Ohr wahrgenommen. Mögen uns seine Quatrains und ihre Erklärungen zeigen, wie weit der Prophet im Recht war ... Mit der Lebenszeit des Nostradamus begannen in Frankreich die Glaubenskriege, die immer zu den blutigsten der Weltgeschichte gehören. In den nachfolgenden Jahrhunderten bis jetzt galt auch Frankreich als der Amokläufer unter den Völkern Europas. Die traurige Einleitung seiner prophetischen Aussagen wird ihn sicher sehr geschmerzt haben, da er „wie in einem Spiegel, gleich nebelhaften Visionen die großen, gewaltigen und traurigen Ereignisse sah."

Zenturie 9, 52

Den Frieden ersehnt man von allen Seiten, doch immer
Kehrt der Krieg wieder. Niemals war die Verfolgung so groß.
Beklaget die Männer und Frauen, das unschuldige Blut,
Das zur Erde fließt. Das geschieht in ganz Frankreich.

Nach dem alten Wehruf: „Gaben Seher je Wonne kund!" kann auch Nostradamus immer nur von Kriegen unter den Menschen, von Pest und Hungersnot, von Katastrophen durch Naturgewalten sprechen. Der vorstehende Vers wird fast von allen Nostradamusforschern und Deutern als erste Vorausschau des Gesamtinhalts seiner Zenturien angenommen. Der Seher kennzeichnet damit geradezu unseren Planeten als die Wohnstätte des Neides und Hasses, aus welchen Fehleigenschaften aller Jammer der Erde entspringt. Alles „unschuldige Blut" kommt aus den Folgen der Blutentmischung und Blutvergiftung der Erbsünde …

1557. Zenturie 3, 4.

Immer wenn das Nichterscheinen der Himmelslichter nahe ist,
Und sie nicht weit voneinander abstehen, (Neumond)
Wird Kälte und Trockenheit und Gefahr für die Grenzen sein,
Besonders auch zur Zeit, wo das Orakel anfängt.

In den Jahren 1556–1559 bekriegten sich Heinrich II. von Frankreich und Philipp II. von Spanien. Der Winter von 1556/57 soll außerordentlich hart gewesen sein.

Kriegsgefahren und strenge Kälte waren auch in den Jahren 1870/71 und 1916/17. Vielleicht würden sich die Skeptiker dieser Voraussagen über die Prüfung der Tatsachen machen, dass und ob Neumonde in besonderer Annäherung an die Sonne diese Folgen zeitigen. Es mag dabei ganz gleich sein, ob man bei dem Ereignis an eine „Erkältung" der Sonne oder an Störungen elektromagnetischer Fluide denkt.

1558. Zenturie 1, 19.

Wenn sich Schlangen um den Altar winden,
Wird das trojanische Blut durch Spanier bedrückt.
Obgleich viele erobert werden und zugrunde gehen,
Bleibt die Hauptfrucht doch im Schlamm versteckt.

Papst Paul IV. sprach König Philipp von Spanien den Thron von Neapel ab. Dafür schickte ihm Philipp II. seinen Herzog Alba mit einem Heer nach Italien, das viele feste Plätze eroberte und besetzte. Rom lag jedoch in den pontinischen Sümpfen geschützt, sodass es vor der Eroberung bewahrt blieb.

Schlangen um den Altar, bedeuten die politischen Interessen des Papstes. Leider finden sich Anklänge an die Bedeutung dieses Verses durch das ganze Mittelalter. In seinen Pontifikaten hat

Papst Paul IV. die maßlosesten Ansprüche für die päpstliche Gewalt erhoben.

Zenturie 5, 78.

Die beiden Versöhnten werden nicht lange beieinander
Bleiben und sich wieder am Barte fangen.
Auf beiden Seiten gibt es große Verluste,
Sodass einer die Barke und seine Kappe segnet.

Kaiser Karl V. von Deutschland und Franz I. von Frankreich lagen beständig im Kampf miteinander, den Heinrich VIII. von England durch wechselhaftes Bündnis im Gleichgewicht hielt. Nach der unglücklichen Schlacht von Pavia zog Franz I. es vor, Frieden zu schließen. Er befreundete sich sogar mit Kaiser Karl, aber sie blieben nicht lange zusammen. Als Karl V. mit den Berbern und Türken beschäftigt war, forderte ihn Franz wieder zum Kriege heraus.

Die ständigen Kämpfe und damit verbundenen Aufregungen wurden Kaiser Karl so zuwider, dass er 1555 seinem Sohn Philipp die Niederlande und Spanien abtrat, im Jahre 1556 aber seinem Bruder Ferdinand Deutschland und Österreich übergab. Er selbst segnete die Barke (Kirche) und seine Kappe (Mönchsleben) und ging in das Kloster von San Yuste in der spanischen Provinz Estremadura, wo er selbst von seinem Sohn vernachlässigt und vergessen im Jahre 1558 starb.

Eine sehr wichtige Voraussage erfüllte sich am 1. Juli 1559, die der Anlass war, dass sich hochgestellte Personen mit Nostradamus befassten und ihm allerlei Ehrungen zuteil werden ließen.

1559. Zenturie 1, 35.

Der junge Löwe wird den alten im Zweikampf
Auf der Kampfbahn besiegen.
Im goldnen Käfig wird er ihm die Augen spalten,
Das erste mehrfachen Leids. Grausamer Tod folgt.

König Heinrich II. von Frankreich wurde im Turnier von dem Befehlshaber seiner Leibwache, dem Grafen Montgomery, so unglücklich getroffen, dass ein Lanzensplitter durch die goldene Rüstung ins Auge drang. Am 10. Juli starb der König an den Folgen der Verwundung.

Zenturie 1, 36.

Zu spät bereut es der Monarch,
Seinen Gegner nicht getötet zu haben.
Es erfolgt ein höherer Beschluss,
Dem Tode geweiht ist sein ganzes Haus.

Ein Unglück kommt nie allein. Nach dem unglücklichen Tode Heinrichs II. folgten seine drei Söhne auf den Thron Frankreichs. Alle drei fanden ein höchst unrühmliches Ende und mit ihnen starb das Herrscherhaus der Valois aus.

Zenturie 1, 38.

Dem Sieger erscheint Sonne und Adler,
Der Überwundene wird durch Versprechungen getäuscht.
Nicht durch Hörn noch Geschrei kommt es zum Sühnefrieden.
Durch Rache im Frieden findet er seinen Tod.

Nach dem unglücklichen Turnier war Graf Montgomery geflohen, da man ihn als Königsmörder verfolgte, obgleich ihn sein König zum Turnier kommandiert hatte. Nach 15 Jahren wurde er bei der Teilnahme an den Religionskriegen bei Domfront gefangen und obgleich ihm der Marschall Matignon als Kriegsgefangenen persönliche Sicherheit zugesagt hatte, so wurde er doch gefoltert und enthauptet. Der Antrieb zu diesem gemeinen Racheakt war die Regentin und Königin-Mutter Katharina von Medici.

Von dieser Frau sagt Prof. Richet in seiner „Allgemeinen Kulturgeschichte": „... es war dies eine ränkesüchtige und abergläubische Italienerin, die aus den Lehren eines Macchiavelli keine anderen Herrschertugenden als Doppelzüngigkeit und gemeine Hinterlist herauszuholen gewusst hat.“

1561. Zenturie 3, 66.

Der Amtshauptmann von Orleans wird zum Tode verurteilt
Durch einen, dem das Strafen Übertragen ist.
Dennoch stirbt er nicht, wie ihm zugedacht,
Weil man ihn zu lose an Händen und Füßen gefesselt.

Der Amtshauptmann von Orleans wurde 1561 von der Inquisition zum Tode verurteilt, weil er angeblich die Stadt den Hugenotten hatte überlassen wollen. Da man ihn aber nicht sicher genug gefangen gehalten hatte, konnte er entfliehen.

Die grausamen Verfolgungen der Hugenotten (französischen Protestanten) begannen bereits unter dem Nachfolger Heinrichs II., seinem Sohn Franz II., wie nachstehender Vers bereits andeutet.

Zenturie 9, 63.

Klagen und Weinen, Schreien und großes Stöhnen
Entsteht bei Narbonne, in Bayonne und Foix.
O welche schreckliche unglückliche Veränderung,
Bevor Mars noch einige Male umgelaufen ist.

Die Umlaufszeit des Mars durch den Zodiakus (Tierkreis) ist nicht immer gleich, doch beträgt sie nicht über zwei Jahre. Es müssen also die angesagten Ereignisse bald nach der Niederschrift in Erfüllung gegangen sein.

Um den in religiösen Dingen ziemlich gleichgültigen französischen Königen eine ernste katholische Umgebung zu schaffen, wurde aus politischen Gründen der ganz junge Franz II. von Frankreich mit der ebenfalls recht jungen fanatisch-katholischen Maria Stuart von Schottland verheiratet, die mütterlicherseits aus der französischen Herzogsfamilie der Guisen stammte.

Zenturie 10, 55.

Die Hochzeit feiern sie mit großer Freude,
Aber das Ende ist unglücklich, da Gemahl und Schwiegermutter
Sie verachten. Ist der Phybe tot,
Wird die Frau noch bedauernswerter sein.

Unter „Phy" sucht man den griechisch geschriebenen Anfangsbuchstaben des Namens Franz, „be" bedeutet dann den zweiten Buchstaben oder einfach II. Also kurz: Franz II. von Frankreich. Er starb nach kaum einjähriger Ehe, bevor er 18 Jahre alt war, am 15. Dezember 1560.

1560. Zenturie 10, 39.

Der erste Sohn hinterlässt nach unglücklicher Ehe
Seine Witwe ohne Nachkommen, bevor er 18 Jahre alt ist.
Zwei Inseln im Streit. Über den zweiten (Sohn)
Wird die Einigung noch früher sein.

Heinrichs II. zweiter Sohn, Karl IX. wurde schon im Alter von 11 Jahren mit Elisabeth von Österreich verlobt. Der Streit der beiden Königinnen auf der Insel, Maria Stuart und Elisabeth, ist bekannt.

1565. Zenturie 1, 9.

Punier werden aus dem Osten kommen,
Die von der lybischen Flotte begleitet sind.
Der Angriff gilt der Adria und Romulus Erben.
Malta und die Nachbarinseln werden teer sein.

Hier gelten die Türken als Punier und die lybische Flotte besteht aus den Seeräubern der nordafrikanischen Raubstaaten, besonders von Tripolis.

Im Jahre 1565 verband sich der türkische Kaiser Soliman durch seinen Piratenadmiral Haradin Barbarossa mit dem gefürchteten Seeräuber Dragut zu einem Angriff auf die Christenheit zur See. Malta und die Nachbarinseln wurden geleert, da die Einwohner fliehen mussten, um nicht gefangen und als Sklaven verkauft zu werden.

1571. Zenturie 3, 97.

Bevor Phöbus seine Zeitherrschaft beginnt,
Wird das große barbarische Reich gegen Syrien,
Judäa und Palästina zusammenbrechen.
Neues Gesetz nimmt neue Erde ein.

Phöbus ist die Sonne, ihr Zyklus ging von 1576 bis 1612. Am 7. Oktober 1571 stieß Juan d'Austra mit der türkischen Flotte bei Lepanto zusammen und erfocht einen glänzenden Sieg. Damit war die Seeherrschaft der Mohammedaner beendet.

Im gleichen Jahre wurden auch die Philippinen-Inseln in Besitz genommen.

Zenturie 10, 40.

Der nachgeborene Sohn im britannischen Königreiche
Wird vom Vater als Thronfolger bestimmt.
Mit ihm kommt die Verneinung des alten Glaubens,
Für seine Linie verlangt er die Herrschaft.

Als der englische Nero, König Heinrich VIII. gestorben war, wurde nach seiner Bestimmung sein erst zehnjähriger Sohn, Eduard VI. auf den Thron gesetzt. Unter der Regentschaft seines Onkels, des Herzogs von Somerset, trat die englische Monarchie ganz offen zum Kalvinismus über. Die letzten noch übrig gebliebenen Andachtsgegenstände der katholischen Kirche wurden verbrannt, die Klöster zerstört. Somerset wurde schließlich enthauptet.

Eduard VI. verlangte für seine Nachkommen die Thronfolge unter Umgehung seiner älteren Schwester Elisabeth, der Tochter Heinrichs VIII. und der Königin Anna Boleyn. Ihm folgte seine Tochter Maria Tudor, die mit Philipp II. von Spanien verheiratet war, ohne dass sich die beiden Gatten um einander kümmerten, und da sie ebenfalls fanatisch katholisch gesinnt war, so gab es wieder viele Märtyrer im englischen Reich.

Zenturie 4, 96.

Die ältere Schwester von der britischen Insel,
Welche fünfzehn Jahre vor dem Bruder geboren ist,
Wird in der Regierung dieses Landes folgen,
Um die Wahrheit des Versprechens zu erfüllen.

Unter ihrer langen, 45-jährigen Regierung bekam die reformierte englische Kirche endlich ihren endgültigen Abschluss in der Gestalt der anglikanischen Hochkirche.

1588. Zenturie 8, 94.

Am Meer, wo vor sieben Monaten jemand sein Leben verlor,
Werden die Spanier Albanos geschlagen.
Die Flotte wird vernichtet, das ganze Heer ertrinkt,
Weil man in der Hitze falsche Zeit gewählt hat.

Am 8. Februar 1587 fiel zu Schloss Fotheringhay das Haupt der Königin Maria Stuart. Sofort erhob sich der katholische König Philipp II. von Spanien zur Rache und rüstete „die unbesiegbare Armada". Die Spanier werden „albanisch" genannt, weil damals Papst Clemens XI. das Pontifikat hatte, der den Zunamen Albano trug.

Die 200 Schiffe umfassende spanische Armada war eine Gewaltschöpfung in kürzester Zeit, deren Leitung die Kenntnisse der Nautik nicht voll beherrschte. Man hatte bei der Überfahrt die Rechnung ohne die Äquinoktialstürme, ohne das gefährliche Meer des Biscayischen Busens gemacht, sowie die Listen des englischen Admirals Drake nicht beachtet, der früher Piratenkapitän gewesen war. Die spanische Flotte ging größtenteils unter, das Heer ertrank, oder die Gefangenen wurden als Sklaven verkauft.

Als Karl IX. auf den französischen Thron kam, war er erst 10 Jahre alt. Er starb im Alter von 24 Jahren 1574, völlig unfähig und verkommen, wie Prof. Richet, sein Landsmann von ihm sagt.

Sonst ist nichts von ihm zu sagen, als dass er sich eines der traurigsten Denkmäler gesetzt hat, welches die Weltgeschichte kennt, die Bartholomäusnacht am 24.8.1572.

Zenturie 5, 77.

Ein König von Frankreich wird alle Grade der
Kirchlichen Ehren umwandeln. Aus den Priestern
Des Zeus wird er Marspriester machen.
Zum Schluss verursacht er ein Vulkanal.

Der unerzogene und gewalttätige Karl IX. benützte auch die Priester für seine niederen Zwecke. Aus den Geistlichen des milden Christusglaubens machte er Verfolger und Schlächter, bis zum Schluss ein Vulkanal entstand, ein gewaltiger feurig-blutiger Ausbruch in der Bartholomäusnacht.

„Flamen“ waren im alten Rom die Priester, Dial und Martial sind Substantive für Zeus- und Marspriester. Vulkan war der Feuergott und Waffenschmied der alten Mythologie. Dies für die Leser des französischen Originals.

1572. Zenturie 4, 47.

Wenn der wilde König mit blutiger Hand
Feuer, Eisen und gespannten Bogen betätigt,
Wird das gesamte Volk sehr erschreckt sein.
Der Größte an Hals und Füßen aufgehängt.

Die „blutige Hand des wilden Königs" rührt von seiner Mordlust her, die sich damit belustigte, den Tieren der Bauern den Schädel einzuschlagen, wo sie ihm in den Weg kamen. Er schoss mit eigener Hand auf die fliehenden Hugenotten in der Bartholomäusnacht.

Die Leiche des ermordeten Admirals Coligny wurde vom Pöbel durch die Straßen gezogen und dann an einem Fuße aufgehängt.

Als Karl IX., das Ungeheuer, gestorben war, wurde sein Bruder unter dem Namen Heinrich III. von seiner Mutter, Katharina von Medici, auf den Thron gesetzt. Er war erst 1573 von den Polen zum König gewählt, floh aber im Juni 1574 heimlich nach Frankreich.

1573. Zenturie 7, 35.

Großpolen wird bedauern, ihn gewählt zu haben.
Sie haben sich im Alter getäuscht,
Er will durchaus nicht bei ihnen bleiben.
Erschlagen wird er von seinen Landsleuten.

1589. Zenturie 9, 36.

Ein König fällt in die Hände eines irren Jünglings,
Nicht weit von Ostern. Messerstich und Mord.
Die Tat zu einer Zeit, wo der Blitz über den
Dächern der Gefangenen. Drei Brüder verwundet.

Inzwischen hatte die katholische Partei in Frankreich die Oberhand bekommen und Heinrich III. war nicht der Mann, sich in Weisheit und starkem Willen mit der Sachlage abzufinden. Er floh aus Paris, ließ die beiden Führer der katholischen Partei zu sich locken und Kardinal Ludwig und Herzog Guise ermorden. Bei der Belagerung von Paris wurde er von einem jungen halbirren Mönch, der eben vom Abendmahl kam, erdolcht.

Zenturie 3, 99.

Auf der Wiese zwischen Alein und Verneque
Am Fuße des Lebron an der Durance
Wird auf beiden Seiten erbittert gekämpft.
Mesopotamien in Frankreich geht zugrunde.

In den Hugenottenkriegen hatten sich an der Gemarkung zwischen Alein und Verneque an der Duranoe eine Anzahl Hugenotten aus Merindol und Lurmarin versammelt, um sich mit ihren Glaubensgenossen auf der anderen Seite der Durance zu vereinigen. Die Unglücklichen wurden von der fanatischen Landbevölkerung totgeschlagen, sodass Mesopotamien, d. h. die Abtrünnigen vom alten Glauben, vernichtet wurde.

Zenturie 3, 88.

Von Barcelona wird übers Meer eine große Flotte kommen,
Sodass das ganze Marseiller Land vor Schrecken erzittert.
Die Inseln sind besetzt und militärisch abgesperrt.
Der Verräter schwimmt auf dem Lande.

Im Mittelalter war auch Frankreich durch viele kleine Sonderbestrebungen und Herrschaften zerrissen, die sich nicht immer willig dem erblichen Könige unterordneten. Casan von Marseille wollte seine Stadt den Spaniern in die Hände spielen, um für sich einen besonderen Vorteil herauszuschlagen. Die Spanier hatten bereits von Barcelona eine große Flotte abgeschickt und die Inseln Chateau d'If und Ratorneau militärisch besetzt. Kurz vor der Übergabe der Stadt stieß Pierre de Libertas dem Verräter Casan sein Schwert in den Leib, sodass er auf dem Lande in seinem Blute schwamm. Die Stadt war für Frankreich gerettet.

Zenturie 3, 87.

Gall'sche Flotte, es wird dich gereuen,
Wenn du Sardinien oder Korsika anläufst.
Das Grunzende trügt, ihr werdet sterben.
Dem Gefangenen wird man nicht glauben.

Der Galeeren-Kapitän de la Serrière wollte einen Piratenzug unternehmen. Am Schweinskap scheiterte sein Schiff und die gesamte Mannschaft kam um, weil man dem warnenden Lotsen, der früher einmal Sklave gewesen war und deshalb den Spitznamen „Gefangener" trug, nicht glauben wollte.

Inzwischen hatte sich auch außerhalb Frankreichs allerlei verändert, was Nostradamus der Beachtung für wert hielt.

Zenturie 6, 2.

Um das Jahr 1580 erwartet man den seltsamen
Zeitlauf, desgleichen im Jahre 1703.
Fünf Reiche werden sich verändern.
Die Himmel sind Zeugen.

Hier wird Nostradamus ganz modern sogar für unsere Zeit – er treibt Historionomie, d. h. Geschichtsvergleichung. Aus demselben Vers muss man deshalb zwei gleichlautende Ereignisse zu verschiedenen Zeiten finden.

Am 24. Februar 1582 wurde der gregorianische Kalender durch eine päpstliche Bulle eingeführt. Fünf Reiche würden verändert: Deutschland, soweit es protestantisch war, England, Dänemark, Schweden und der russisch-griechische Länderkreis behielten die alte Zählung, da man vom Papst durchaus nichts, auch nicht das Beste annehmen wollte.

Unwillkürlich wird man dadurch an das Daniel-sche Monarchienbild erinnert, welches die Teilung in zweimal fünf Reiche angibt.

Kehren wir jedoch zur Geschichte Frankreichs zurück, die Nostradamus am nächsten liegt.

1589. Zenturie 3, 51.

In Paris wird eine große Mordtat beschlossen
Und in Blois in vollem Umfange durchgeführt.
Das Haupt von Orleans wird zurückgewiesen,
Angres, Troyes, Langres planen Widerstand.

Die Ermordung Heinrich III. war in Paris beschlossene Sache. Der Herzog von Mayenne stellte sich an die Spitze einer Armee aus Orleans, Angres, Troyes und Langres.

Heinrich III. hatte aber seinen Vetter Heinrich, König von Navarra zu Hilfe gerufen, der nunmehr den Thron Frankreichs beanspruchte. Die katholischen Stände lehnten ihn jedoch ab und der Herzog von Orleans bemühte sich um die Krone. Da Heinrich aber in den Schoß der katholischen Kirche zurückkehrte – weil ihm Paris schon eine Messe wert war – so wurde er willig von der Hauptstadt aufgenommen und bestieg den Thron unter dem Namen Heinrich IV.

Zenturie 9, 50.

Mendosus (der Lügner) wird bald zur Regierung kommen
Und den lothringischen Fürsten beiseite schieben.
Der greise Rote, der Verwalter des Interregnums erblasst,
Und der Jüngere fürchtet sich vor den Barbaren.

1594. Zenturie 9, 45.

Der große Mendosus wird sein Reich behaupten,
Niemals wird er gewinnender Höflichkeit müde.
Höfische Angelegenheiten lehnt er ab,
Piemont, Picardie, Paris, Tyrton seine Gegner.

In diesen wenigen Zeilen ist die Regierungsgeschichte des Mannes enthalten, den Frankreich später den Großen nannte. Dreimal wechselte er um seiner Vorteile willen den Glauben, durch Vorsicht, Zurückhaltung und listige Verhandlungen erreichte er alles.

Zenturie 1, 54.

Wenn der böse Sichelträger zwei Umläufe vollendet hat,
Wechselt Königreich und Jahrhundert.
Das veränderliche Zeichen kommt zum Stillstand,
Zwei werden endlich gleichgestellt.

Der böse Sichelträger ist Saturn ♄, seine beiden Umläufe deuten auf das Ende des 16. Jahrhunderts. Die französische Krone kam endgültig auf die Bourbonen. Am 13. April 1598 kam die friedliche Regelung der Religionskämpfe durch das Edikt von Nantes, welches Katholiken und Calvinisten gleichstellte.

Nachdem Heinrich IV. von Frankreich am 16. Mai 1610 in der Nähe des Louvre in Paris durch den Dolchstoß des Fanatikers Ravaillac aus dem Leben gerissen war, übernahm sein Sohn, der erste Dauphin, unter dem Namen Ludwig XIII. die Krone Frankreichs unter der Regentschaft seiner Mutter Maria von Medici. (Nicht mit Katharina von Medici zu verwechseln.)

1605. Zenturie 10, 91.

Römischer Clerus, im Jahre 1609 wirst du wählen
Zum Führer einen Grauen und einen Schwarzen,
Er stammt aus der Campagna,
Keiner war so verderblich als er.

Hier muss sich ein Fehler in den Abschriften eingeschlichen haben oder Nostradamus hat sich um einige Jahre geirrt. Im Jahre 1605 hatte das Kardinalkollegium zwei Papstwahlen. Leo XI. war nur 26 Tage Papst, dann folgte Paul V. Unter ihm machte die Gegenreformation große Fortschritte, worauf sich wahrscheinlich die letzte Zeile bezieht.

In diese Zeit passt auch ein Vers, der besonders für Astrologen wichtig ist.

1605. Zenturie 8, 71.

Die Zahl der Sternkundigen wird bedeutend zunehmen.
Sie werden verjagt, verbannt, ihre Bücher konfisziert.
1607 wird durch priesterliche Gräueltaten bedeutungsvoll,
Niemand wird vor ihnen sicher sein.

Die „liebevolle Tätigkeit“ der heiligen Inquisition ist ein bekanntes Kapitel der Weltgeschichte, das vom blutrünstigsten Heidentum nicht übertroffen werden kann. In diese Zeit fällt das Verbot der kopernikanischen Werke und die Verurteilung des Galilei.

1607. Zenturie 6, 54.

Zu Beginn des Jahres 1607 der Liturgie,
Gegen Morgen beim zweiten Hahnenschrei,
Sehen die von Fes, Tunis und Bougie Seltsames,
Marokkos König wird von Arabern gefangen.

Im Februar 1607 ereignete sich eine totale Sonnenfinsternis, die besonders in Nordafrika gesichtet wurde. Diese Gestirnstellung kostet nach der Beobachtung immer einem Könige oder Fürsten Thron oder Leben.

Es handelt sich in diesem Fall um verzwickte Kämpfe des Thronerben von Tunis und Marokko mit seinen Brüdern.

1618. Zenturie 3, 63.

Das heilige Römische Reich wird darniederliegen,
Wenn es den Spuren seines großen Nachbarn folgt.
Geheimer Bürgerhass und Kämpfe werden die Ursache sein,
Dass allen Leuten die Lust zum Scherzen vergeht.

Das heilige römische Reich deutscher Nation war von jeher eine Mischung von Feuer und Wasser. Wer gemeint ist, dürfte aus obiger Erklärung ziemlich klar sein. Der große Nachbar ist Frankreich, der zuerst die Religionskriege soweit auf die Spitze trieb, dass ganze Landschaften entvölkert wurden. Der große deutsche Religionskrieg war der 30-jährige Krieg – und wahrlich, unserem armen Vaterlande verging alle Lust zum Scherzen. Ein sterbender Jüngling soll damals gesagt haben: „Wenn ich doch einmal in meinem Leben hätte Brot essen können!"

Zenturie 1, 62.

Weh, über den großen Verlust der Wissenschaften,
Bevor der Zyklus des Mondes vollendet ist.
Große Brände und Überschwemmungen, Schaden durch Führer.
Lange Zeit wird das nicht wiederkehren.

Über den Verlauf des Dreißigjährigen Krieges bedarf es wohl keiner Erklärung. Der Verlust an Menschenleben wird etwa auf 10 Millionen Menschen geschätzt. Die Deutschen werden von Nostradamus an mehreren Stellen noch als Wissenschaftler, als das Volk der Denker, bezeichnet.

1634. Zenturie 3, 30.

Der den Größeren zum Kampf gefordert
Mit dem Schwert, wird der Gefangene sein.
Nachts im Bett wird er von sechs ermordet,
Stürmen auf den Unbewehrten ein.

Wallensteins Tod! Da Wallenstein mit den Schweden und Sachsen gegen den Willen und ohne Wissen des Kaisers in Friedensverhandlungen eingetreten war, fühlte sich Kaiser Ferdinand vor dem übermächtigen Generalissimus nicht mehr sicher. Wallensteins Gegner am Hofe behielten auch die Oberhand und so erfolgte am 24. Januar 1634 eine geheime Absetzungsurkunde. Allein die Hiobspost sickerte dennoch durch und seine Offiziere bestürmten ihn, sein Heer zu behalten und verpflichteten sich in dem Pilsner Revers, ihm treu zu bleiben.

Direkt hatten nur die kaisertreuen Unterführer Piccolomini, Gallas und Colloredo Kenntnis. Nun zog Wallenstein nach Eger, um sich hier mit dem Schwedenführer Bernhard von Weimar zu vereinigen. Unterwegs schloss sich ihm Oberst Butler mit einem Dragonerregiment an. Dem Kommandanten von Eger, Gordon, und seinem Oberwachtmeister Leslie traute er nichts Böses zu. Während eines Gastmahls bei Gordon wurden zuerst Wallensteins Getreue Ilow, Terzka und Kinski überfallen und ermordet und die Ermordung Wallensteins dem Hauptmann Devereux aus dem Regiment Butler übertragen. Dieser drang in der Nacht in das Schlafzimmer des Feldherrn und stieß ihm, assistiert von seinen Mordgesellen, die Partisane in die Brust.

So wurde Wallenstein, der einem Größeren, dem Kaiser, die Fehde angesagt hatte, wehrlos im Bett von mehreren ermordet. Heldentat!

1648. Zenturie 1, 63.

Die geschehenen Plagen haben die Welt verkleinert.
Lange Zeit sind die schwach bevölkerten Länder im Frieden,
Ruhe geht durch den Himmel, die Elemente schweigen,
Dann beginnt von neuem der Krieg.

In diesem Umfange wie der Dreißigjährige Krieg ist trotz des furchtbaren Weltkrieges 1914/18 noch keine Unglückszeit über Deutschland gekommen. Siehe die schreckliche Behandlung Magdeburgs durch Tilly, der die Menschen ermorden und die Stadt verbrennen ließ …

1649. Zenturie 8, 76.

Mehr ein Metzger ist er als ein Herrscher in England,
Er, der dunkler Herkunft ist. Mit Gewalt nimmt er das Reich.

Treulos und gesetzbrüchig wird er das Land regieren.
Seine Zeit ist so nahe, dass ich sie spüre.

Mit Elisabeth von England starb das englische Königshaus der Tudor aus. Das Haus der Stuarts folgte. Nachdem sich Jakob I. schon ziemlich unbeliebt gemacht hatte, setzte sich Karl I. in völligem Gegensatz zu dem Parlament, bis seine Truppen von Cromwell geschlagen und er ins Gefängnis gesetzt wurde. Nach vergeblichem Fluchtversuch wurde er enthauptet.

Der obige Vers bezieht sich auf Cromwell, der einfacher Herkunft und von Beruf eigentlich Kaufmann war. Als Parlamentarier übernahm er die Bildung eines Heeres gegen den König und erreichte somit eine Machtstellung, die er bis zum Tode nicht mehr aus der Hand gab.

Zenturie 8, 37.

Wenn der König im Themseschloss gefangen ist,
Wird er fallen. Kurz vor seinem Tode
Sieht man ihn im Hemd auf der Brücke.
Im Schlosse wird er beigesetzt.

Karl I. ist der einzige englische König, der enthauptet wurde. Nach einem Fluchtversuch aus dem Windsorschloss baute man vom Fenster eine

Brücke zum Blutgerüst. Auf derselben legte er Mantel und Wams ab, man sah seinen Oberkörper im Hemd. Seine Leiche wurde in der Kapelle des Schlosses beigesetzt.

Der Sohn Karls I. nahm sofort nach dem Tode des Vaters den Titel des englischen Königs an und versuchte mit Hilfe der schottischen Hochländer einen Kampf gegen Cromwell, um sich den Thron zu erobern.

1650. Zenturie 8, 56.

Das schwache Heer wird das Land besetzt halten,
Die vom hohen Ort werden schreckliche Schreie ausstoßen.
Das große Heer ist unruhig durch die Entfernung.
Bei Dinebro fällt es, Schriften werden entdeckt.

Der Kampf fiel für die vom hohen Ort, für die schottischen Hochländer, sehr übel aus, weil die Hauptmacht fern war. Dinebro ist nur umgestellt und heißt Edinburg. Cromwell erbeutete die Kriegsschriften und verkaufte die Gefangenen nach Amerika als Sklaven.

In Frankreich hatte inzwischen Ludwig XIII. die Regierung übernommen und übte schon in jungen Jahren die Praktiken seiner Vorfahren. Er ließ einen Günstling seiner Mutter, den Marschall

Concini, ermorden und dessen Gattin als Hexe verbrennen.

Seine Regierungszeit war von Günstlingen ausgefüllt, deren einzig Großer Kardinal Richelieu war.

Zenturie 9, 18.

Der ehemalige Dauphin wird die Lilie nach Nanzig tragen,
Und wegen eines Reichs-Kurfürsten bis nach Flandern.
Dem großen Montmorency gibt er ein neues Gefängnis
Und auf Bitten der Verwandten eine berühmte Strafe.

Ludwig XIII. drang auf seinem Feldzug gegen die spanischen Niederlande bis nach Nanzig vor und gelangte bis nach Flandern. Er mischte sich auch in deutsche Angelegenheiten und setzte den verjagten Kurfürsten von Trier wieder ein.

Herzog Montmorency hatte sich gegen den König empört, wurde gefangengenommen und zum Tode verurteilt. Auf Bitten seiner Verwandten gewährte ihm der König die Vorzüge, nicht auf offnem Marktplatz, sondern im Gefängnis – und nicht von einem berufsmäßigen Nachrichter, sondern von einem Soldaten hingerichtet zu werden. Der Soldat hieß merkwürdigerweise Clerepeyne. (Wörtlich übersetzt: berühmte Strafe.)

Kardinal Richelieu führte den jungen Cinq-Mars am Hofe ein, der durch seine Gewandtheit und Liebenswürdigkeit bald die Gunst des Königs gewann und Richelieu verdrängte. Cinq-Mars intrigierte aber auch gegen den König und Frankreich, was Richelieu, der in Ungnade gefallen und entlassen war, bald entdeckte. Deshalb wurde dem Verräter der Prozess gemacht und er bald darauf enthauptet. Richelieu kam wieder zu Ehren, doch kurz darauf starben Kardinal und König.

1642. Zenturie 8, 68.

Alter Kardinal, du wirst vom jungen Herrn enttäuscht.
Ohne Amt und entwaffnet wird man dich sehen.
Das erkannte Unrecht bringt einen Blutstrom,
Dann wird Aquädukt und Fürst einbalsamiert.

Da Ludwig XIV. beim Tode seines Vorgängers erst fünf Jahre alt war, wurde der von dem sterbenden Kardinal Richelieu empfohlene Kardinal Mazarin unter der Regentschaft der Königin-Mutter zum Reichsverwalter bestellt. Trotz aller Schwierigkeiten und Revolutionen im Lande gelang es Mazarin, alle Macht auf den König zu vereinen und ihm bis zu seinem Tode 1660 einen geordneten Staat und ein tüchtiges Heer an die Seite zu stellen.

1660. Hinzugefügt seit dem Druck von 1568.

Wenn die Gabel von zwei Pfählen gestützt sein wird,
Mit sechs Halbkörnern und sechs offenen Scheren,
Wird der mächtige Herrscher, der Erbe der Kröten,
Die Gesamtheit unter sich vereinigen.

Die Erklärung liegt in der römischen Zahl 1660: MCCCCCCXXXXXX.

Die alten fränkischen Könige aus dem Geschlecht der Merowinger hatten die Kröte als Familienabzeichen und Wappenbild. Das französische Königshaus der Bourbonen hielt sich für den rechtmäßigen Erben der alten fränkischen Krone, daher die Bezeichnung der Erbe der Kröten.

Im Jahre 1653 wurde in Tournai die Stätte mit den sterblichen Resten des Königs Childerich I. entdeckt. Man fand die Abzeichen der Königswürde und mehr als 300 kleine goldene Kröten, die wahrscheinlich als Schmuck des Krönungsmantels und Familienzeichen gegolten hatten.

Zu dieser Zeit herrschte Ludwig der XIV. in Frankreich, der sich nach dem Tode Mazarins völlig unabhängig von Kanzler und Günstlingen machen wollte und in allen wichtigen Staatsgeschäften selbst befragt werden wollte. Bekannt ist sein Ausspruch: „L'état c'est moi!" (Ich bin der Staat.)

1689. Zenturie 4, 89.

In London verschwören sich 30 gegen ihren König.
Auf der Brücke wollen sie ihn angreifen,
Seine Trabanten vereiteln den Mordanschlag.
Es wird ein blonder Friese zum König gewählt.

Anfangs wollte man dem König Jakob von England dasselbe Schicksal bereiten wie Karl I. Zu diesem Zwecke hatte sich in London eine Verschwörung gebildet, die den König auf einer bestimmten Brücke gefangen nehmen und töten wollte. Seine Anhänger wehrten jedoch den Angriff von ihm ab und gaben ihm die Möglichkeit, nach Frankreich zu entfliehen. An seiner Stelle wurde Wilhelm III. von Oranien, genannt der blonde Friese, gewählt, der im Februar 1689 den englischen Thron bestieg.

Zenturie 1, 50.

Aquatik erzeugt eine Dreiheit von Söhnen.
Einer, dem der Donnerstag heilig ist,
Gewinnt Herrschaft und Macht,
Was im Osten einen Sturm erregen wird.

Aquatik, d. h. der dem Wasser Angehörige, nämlich der Delphin oder Dauphin (der erste Kronprinz von Frankreich mit diesem Titel) hatte drei Söhne, die Herzöge von Burgund, von Anjou und von Berri.

Der Herzog von Anjou wurde von Ludwig XIV. unter dem Namen Philipp V. auf den spanischen Thron gesetzt, welcher der „Allerkatholischste" heißt. Der Donnerstag ist der Tag, an welchem das Allerheiligste eingesetzt wurde, auch hielt Philipp am Donnerstag, den 14. April 1701 seinen feierlichen Einzug in Madrid.

1701. Zenturie 10, 79.

Alle alten Wege wird man ausbessern,
Wenn der große Merkur, geführt von des Herkules Lilie,
Die Tore von Memphis passiert.
Land und Meer erzittern.

Die alten Wege nach der spanischen Grenze wurden ausgebessert, um dem neuen König von Spanien mit seinem Gefolge sichere Fahrt zu geben. Beaucaire oder Memphis war die letzte Station auf französischem Boden.

Die Staaten erzitterten bei der Nachricht, dass ein französischer Prinz auf den spanischen Thron komme, weil diese beiden großen Reiche vereinigt, die Weltgeschichte hätten diktieren können. Außerdem glaubte auch das Haus Österreich, Anspruch auf den spanischen Königsthron zu haben, was dann auch zu den spanischen Erbfolgekriegen führte.

Zenturie 10, 27.

Durch den Fünften, einen großen Herkules,
Wird der Janustempel geöffnet werden.
Clemens Julius Ascan wird ausweichen,
Wenn Spanien, Schlüssel und Adler sich bekämpfen.

Der Fünfte ist deutlich Philipp V. Der Janustempel wird bei Kriegsbeginn geöffnet, d. h. seinetwegen beginnt ein Krieg. Durch den nächsten Namen ist der Papst Clemens XI. deutlich gekennzeichnet, der neutral bleiben wollte, als sich Österreichs Herrscher als Thronprätendent Spaniens zum Kampf gegen Frankreich und Spanien anschickte.

Zenturie 9, 64.

Des Aemathion Heer überschreitet die Pyrenäen,
Narbon weigert den Widerstand im Kriege.
Zu Wasser und zu Lande geschehen große Umtriebe,
Der Capet kann nirgends mehr sicher bleiben.

Im spanischen Erbfolgekrieg schickte Ludwig XIV. seine Truppen über die Pyrenäen und machte große

Anstrengungen, seinem Verwandten aus dem Geschlecht der Capetinger, nämlich Philipp V., die spanische Krone zu erhalten. Er hatte jedoch kein Glück damit, König Philipp musste abdanken und der Capet wusste nicht mehr, wo er sicher bleiben konnte.

1700. Zenturie 1, 49.

Das Jahr 1700 wird große Ereignisse erleben.
Bei diesen Begebenheiten werden die Ostvölker
Durch günstigen Einfluss des Mondes
Fast den nördlichen Winkel (Europas) unterjochen.

Um die Zeit des spanischen Erbfolgekrieges tobte auch gleichzeitig im Osten Europas ein gewaltiger Krieg. Karl XII. von Schweden stand teilweise gleichzeitig mit Dänemark, Russland, Polen und Sachsen im Kampf – nur in Maßen unterstützt vom türkischen Sultan, dem Herrn des Halbmonds. 1718 verlor Karl XII. bei der Belagerung von Bergen sein Leben. Der Herrscher des Ostvolkes der Russen war Zar Peter, genannt der Große, welcher Schweden bis Stockholm siegreich durchzog und die Ostseeprovinzen seinem Lande einverleibte, dies neben anderem Ländergewinn. So unterjochte er tatsächlich den nördlichen Winkel Europas und schuf ein großes, einheitliches Russland.

1704. Zenturie 1, 77.

Zwischen zwei Meeren wird ein Vorgebirge aufgerichtet
Von einem, der später am Biss des Pferdes stirbt.
Neptun wird sein schwarzes Segel über Calpre entfalten,
Die Flotte befindet sich bei der Stadt Rocheval.

Calpre ist der alte Name für den Felsen von Gibraltar, Rocheval liegt in der Nähe und ist das heutige Städtchen Roque. Neptun ist das meerbeherrschende England. Es handelt sich also um die Eroberung Gibraltars durch die Engländer, die immer gern im Trüben fischten, wenn sich zwei andere schlugen.

Zenturie 10, 7.

Der große Konflikt, den man in Nanzig zurechtmacht,
Wird der Aemathion sagen, ist mir gänzlich unterworfen.
Die Insel Britannien wegen Mangel an Salz und Wein in Kummer.
Zwischen zwei Phi. Lange wird Metz nicht widerstehen.

Aemathion ist ein Name aus der griechischen Mythologie. Er war der Sohn des Cephalus und der Aurora, (der Göttin der Morgenröte) und öffnete dem Apollo die Tore, wenn er den Sonnenwagen über die

Erde führte. Er stand also mit der Sonne in enger Beziehung. Es gab nur einen französischen König, der den Namen der Sonne beanspruchte, nämlich Ludwig XIV., *le roi soleil*, der Sonnenkönig.

Karl I. von England mangelte Wein und Salz, d. h. Kraft und Weisheit, deshalb verlor er Thron und Leben. Die hauptsächlichsten Ereignisse waren zwischen zwei Phi., d. h. die Angelegenheiten mit den beiden Philipps von Spanien.

Metz kam im Westfälischen Frieden an Frankreich.

Auf Ludwig XIV. folgte sein Urenkel im Alter von fünf Jahren als Ludwig XV. auf den Thron.

1727. Zenturie 3, 77.

Im Oktober des Jahres 1727 wird das dritte Land,
Welches man unter dem Widder versteht, durch die
Von Ägypten über Persien Tod und Verderben bringen.
Für das Kreuz (Christentum) ein großer Vorwurf.

Zar Peter der Große hatte sich mit der Türkei über die Aufteilung Persiens besprochen und war mit dem Sultan ein Bündnis eingegangen. (Zur Zeit des Nostradamus herrschten die Türken auch über Ägypten.)

Die Verbündeten gegen den Schah Eschref von Persien erhielten den Sieg und am 3. Oktober 1727 fielen im Frieden zu Hamadan die westlichen Provinzen Persiens an die Türkei und kurz darauf nahm Russland die kaspischen Provinzen von Persien.

In der Zeit des Nostradamus musste es für jeden christlichen Staat als Schande gelten, mit dem Erzfeind des Christentums ein Bündnis zu schließen.

1736. Zenturie 8, 49.

Saturn im Stier, Jupiter im Wassermann, Mars im Schützen.
Diese Konstellation am 6. Februar bringt große Sterblichkeit.
In Sardinien, in Brügge ein großer Riss, wie am roten Meer.
Außerdem stirbt das Haupt des Stammes der Barberini.

Der vorstehende Vers ist ein exakter Beweis für die Prophetengabe des Nostradamus, an der nur Böswilligkeit nach Kenntnisnahme dieses Verses und seiner Erfüllung noch zweifeln kann.

Die oben genannte Konstellation ist keine alltägliche, das Datum ein wirklich engstens begrenztes.

Die genannte Zusammengestirnung ist nur am 6. Februar 1736 eingetreten und findet auf Jahrtausende hinaus nach astronomischer Berechnung an keinem 6. Februar mehr statt. In dem großen Werk

„Geschichte der Volksseuchen", Berlin 1896 gibt Dr. B. M. Lersch an, dass „gegen Ende des Jahres 1736 in England die Cholera wütete, die in 24 Stunden tödlich verlief. Im gleichen Jahre herrschten gelbes Fieber in Mexiko, Bubonenpest in Kairo so stark, dass am ersten Tage 10 000 Menschen gestorben sind, Diphtherie über einen großen Teil der Vereinigten Staaten, Rinder- und Schweinepest in England, Dysentrie in Holland, in Prag, Hannover, Böhmen und Schlesien andere Krankheiten der Menschen, Scharlach über ganz Nord-England, Typhus in der russischen Armee, Skorbut an den Ostseeküsten, Polen und Schlesien. Auffallende Sterblichkeit wurde unter den Wöchnerinnen in Paris festgestellt."

Außerdem wurden von anderer Seite berichtet: Influenza in ganz Europa, Blattern in Italien, bösartiges Fieber in Flandern, Wechselfieber, Ruhr, Pest in Ägypten und Europa.

Alles in allem ein durch Krankheiten furchtbar menschenmordendes Jahr …

Im Jahre 1783 starb auch das Haupt des Stammes der Barberini, Francesco III., Bischof von Palestrina.

1715–1774. Zenturie 5, 38.

Der Nachfolger des großen Monarchen wird
Ein ausnehmend unzüchtiges Leben führen.

Durch Lässigkeit macht er allen Konzessionen,
Sodass das salische Gesetz vergehen wird.

Die Korruption und Unsittlichkeit erreichte unter Ludwig XV. den Höhepunkt und führte in seinem Ausgange zur Revolution, die das salische Gesetz, welches die französische Thronfolge regelt, abschaffte.

Über seine elende Staatsführung ist nach der Kulturgeschichte von Prof. Richet nicht viel zu sagen.

1718/19. Zenturie 4, 48.

Die fruchtbar weite Ebene von Ausonne
Wird Schnaken und Heuschrecken so zahlreich
Hervorbringen, dass die Sonne sich verfinstert.
In der Folge erscheint eine furchtbare Pest.

Die Ebene von Ausonne liegt eigentlich in Spanien – da aber Nostradamus sehr vorsichtig sein muss, seinem eigenen Lande etwas Ungünstiges zu prophezeien, so wählt er eine Umschreibung. Unterhalb Arles bis an das Mittelländische Meer dehnt sich in Frankreich eine gleiche Ebene aus, welche auch geographisch ziemlich dieselbe Lage hat.

1718/19 kamen tatsächlich so viel Heuschrecken, dass alle Frucht zerstört wurde. Im Winter und Herbst wurden sämtliche Landleute aufgeboten, die Eier und Larven dieser Insekten aufzusuchen und zu zerstören. Als man endlich 1720 mit größter Mühe sich dieser Plage erwehrt hatte, trat die Pest auf*.

1720. Zenturie 1, 72.

Marseille wird sich neu bevölkern müssen,
Wenn der große Umlauf und die Verfolgung kommt.
Lyon, Narbonne, Toulouse, Bordeaux sind gefangen,
Die Toten erreichen die Zahl von einer Million.

Die furchtbare Pest ergriff weite Länderstrecken Frankreichs, sodass in den erfassten Teilen 2/3 der Bevölkerung starben. Der Hof war natürlich nur auf sein eigenes Heil bedacht, die Regierung in sanitären Dingen unerfahren und die medizinische Wissenschaft so gut wie hilflos. Unter diesen Umständen verfiel man auf die barbarische Idee der Selbsterhaltung durch militärische Absperrung der Pestgebiete. Wer einmal im Pestbezirk war, musste darinnen bleiben und sich auf ein gütiges Schicksal oder eine kernfeste Körperkonstitution verlassen.

---

* Die Verdoppelung oder Aufeinanderfolge mehrerer großer Unglücksfälle oder Volksplagen ist eine immer wiederkehrende Tatsache. Wir erinnern z. B. an die große Pest 1665 in London, der im nächsten Jahre der große Brand von London folgte.

1746. Zenturie 5, 93.

Wenn in der sublunaren Welt
Der Merkur die Herrschaft hat,
Wird die schottische Insel ein Licht anzünden,
Welches die Engländer in Bestürzung versetzt.

Der Planeten-Herrschaftszyklus des Merkur war von 1720–1756. In dieser Zeit machte das Haus Stuart noch einmal alle Anstrengungen, seine Ansprüche auf den englischen Thron geltend zu machen. Das brachte den Engländern einige Aufregungen, besonders da die kriegstüchtigen schottischen Hochländer zuerst einige Erfolge aufzuweisen hatten. Die Schlacht bei Culloden brachte jedoch diese Bewegung endgültig zum Stillstand (1746).

Eine weitere recht gefährliche Periode für England wird sein, wenn der Merkur wiederum seine Herrschaft hat, nämlich 2224-2260. Sehen wir weiter unten, was Nostradamus den Engländern für diese Zeit ankündigt.

Zenturie 1, 53.

Wenn ein großes Volk gemartert wird,
Ist das Christentum im Verfall begriffen.
Man erfindet ein neues Bergwerk für Gold und Silber,
Welches alle Gerechtigkeit vernichtet.

Der obige Vers behandelt die Könige nur als Staffage und spricht von der großen Revolution im allgemeinen. Als Ludwig XVI. den französischen Thron bestieg, war er erst 20 Jahre alt, ein unbeschriebenes Blatt. Sein Unheil war Maria Antoinette von Österreich, die Frankreich wie ein erobertes Land behandelte und aussog.

Am 14. Juli 1789 wurde die Bastille (das französische Staatsgefängnis) vom Volk gestürmt, ein Jahr später beschwor der König die neue Verfassung, innerlich aber noch dem absoluten Königstum huldigend. Zwischen Königin und Volk schwankend, begab er sich im Juni 1791 auf die Flucht, nachdem die Königin alle Anstalten dazu vorgesorgt hatte.

Zenturie 9, 20.

Nachts kommt durch den Ausweg der Königin
Ein Ehepaar auf einen Irrweg.
Der verlassene König in Grau in Varennes (gefangen)
Der gewählte Capet leidet Urteil und Hackmesser.

Des Königs Kriegsminister, ein adeliger Narbonne, soll ihn verraten haben. Saulce, der Maire von Varennes, der auch ein Licht- und Ölgeschäft hatte, verhaftete ihn und sein Ende wird durch den nächsten Vers angezeigt.

Zenturie 9, 34.

Der gefangene König wird mit der Mütze verhöhnt.
500 beherrschen die Lage in der Ziegelei. (Tuilerien)
Ein adliger Narbonne ist der Verräter,
Saulce durch Ahnen Hüter des Öls.

Bevor wir nun aber weiter die geschichtlichen Verse der großen französischen Revolution verfolgen, wollen wir die von Nostradamus vermeldete Sprache des Himmels als Vorbote großer irdischer Ereignisse beachten.

Zenturie 1, 84.

Wenn der Mond durch tiefe Finsternis verdunkelt ist,
Schreitet sein Bruder rostfarbig vorbei.
Lange bleibt der Große unter Finsternis verborgen.
In blutender Wunde wird das Eisen lauwarm.

Dieser Vers hat sicher Beziehungen zu den großen Umwälzungen der Endzeit dieser Weltordnung, doch da die großen Ereignisse ihren Schatten vorauswerfen und auch wenig in der Welt nur einmal geschieht, so wollen wir dieses Ereignis aufsuchen. Es kann sich nicht um eine kurze normale Mondfinsternis handeln.

Eine solche Finsternis traf ein am 19. Mai 1780 im ganzen nordöstlichen Amerika, sodass der berühmte Astronom Herschel sich folgendermaßen äußert: „Der finstere Tag von Nordamerika war eine jener wundervollen Erscheinungen, von welchen stets mit Interesse gelesen wird, die aber keine Philosophie zu erklären weiß."

Ferner berichtet „*Stones History of Beverly*": „Die Nacht, welche auf den 19. Mai folgte, war pechschwarz, dass man selbst Pferde, deren Dienst man bedurfte, nicht bewegen konnte, ihre Ställe zu verlassen."

Damit ist diese Verfinsterung jedoch keineswegs erledigt. „Menzels Naturkunde" beschreibt diese weltbekannte Tatsache wie folgt: „Die zufällige Luftverfinsterung dehnte sich 1783 über eine so ungeheure Fläche von Lappland bis Afrika aus, dass man sie sogar der Materie eines Kometenschweifes zuschrieb, der in unsere Atmosphäre hineingeraten sei." Dieser Zustand der allgemeinen Verfinsterung wurde besonders beobachtet vom 24. Mai 1783 anfangend, zuerst in Kopenhagen – am 6. und 7. Juni in Rochelle – zwischen dem 16. und 18. Juni in Deutschland, Frankreich und Italien – am 19. Juni in den Niederlanden – am 19. Juni auf dem St. Gotthard, sowie in Ofen – am 24. Juni in Stockholm, am 25. Juni in Moskau – gegen Ende Juni in Syrien. Einen Teil des Adriatischen Meeres und Atlantischen Ozeans bedeckte sie.

In England, auf den Alpen und in Rom zeigte sich die Finsternis fast so dick wie in Deutschland. Weder Regen noch Stürme vertrieben sie und herrschte während des größten Teils des Sommers 1783 und verlieh der Sonne eine unnatürliche, matte, rostigrote Färbung und gab dem Tage wie der Nacht ein überirdisches düsteres Aussehen. Die Luft war außerordentlich elektrisch und die ganze Natur im höchsten Grade erschüttert.

Ein Augenzeuge berichtet: „Die Finsternis des Abends war so stockdicht, als noch je wahrgenommen wurde, seitdem der Allmächtige das Licht erschaffen hatte. Ich konnte mich zurzeit des Eindrucks nicht erwehren, dass, wenn alle leuchtenden Körper des Himmels in undurchdringliche Finsternis gehüllt worden oder ganz aus dem Dasein vertilgt wären, so hätte die Finsternis nicht größer sein können. Ein Blatt weißes Papier war, auf ganz kurze Entfernung vom Auge gehalten, ebenso schwarz als der schwärzeste Sammet."

Die ebengenannte Finsternis muss also unbedingt als das angezogene Ereignis angesehen werden, denn nach diesem Vorboten kam die furchtbare französische Revolution und die Napoleonischen Kriege, sodass das Mordeisen tatsächlich warm vom Blut in der Wunde wurde.

Zenturie 3, 83.

Die langen Haare des keltischen Galliens,
Die mit der seltsamen Nation vereinigt sind,
Werden ihr Volk in Gefangenschaft setzen,
Um ihr fürchterliches Schicksal zu erfüllen.

Die langen Haare sind die Allongeperücken der französischen Könige. Die seltsame Nation ist immer die zusammengewürfelte Österreichische Monarchie. Durch Verschwendung des Hofes kam das große Unheil über Frankreich, welches zur großen Revolution führte und das Schicksal der Urheber erfüllte.

Zenturie 3, 49.

Gallisches Königreich, du wirst sehr verändert werden.
An seltsamen Orten wird die Regierung ihren Sitz haben,
Unter neuen Gesetzen und Sitten wirst du regiert,
Rouen und Chartres werden viel Pein machen.

Die Veränderung des gallischen Königreichs kam in den drei französischen Revolutionen, doch ist hier sicher die erste Empörung gemeint. An den trivialsten und schmutzigsten Orten tagten die sogenannten Revolutionsbehörden und die völlige Veränderung von Gesetz, Sitten und Moralanschauungen kam zustande.

Rouen und Chartres waren zuerst royalistische Zentren, und außerdem hatte der Herzog von Orleans seinen Sitz in Chartres, dessen Geschlecht wiederholt Ansprüche auf den Thron erhob.

1793. Zenturie 9, 77.

Die Regierung wird den gefangenen König verurteilen
Und die gefangene Dame wird durch Justiz getötet.
Dem Sohn der Königin verweigert man das Leben.
Die Gefangenen der Revolution haben dasselbe Geschick.

Am 21. Januar 1793 fiel das Haupt Ludwig XVI. unter dem Fallbeil, die Königin erlitt dasselbe Schicksal und der Dauphin wurde einem Schuster in die „Lehre" gegeben, der den Auftrag hatte, für sein baldiges „Fortkommen" zu sorgen. Nostradamus lässt offen, ob er zu Tode kam, um das Rätsel späterer Jahrhunderte nicht vorzeitig zu lösen.

Zenturie 7, 14.

Eine falsche Landeseinteilung wird man einrichten,
Die Urnen der Denkmäler werden geöffnet.
Falsche Philosophen nehmen überhand.
Weiß wird schwarz, Ehrwürdiges wird profaniert.

Zenturie 9, 11.

Wenn sie den Gerechten ungerecht verurteilen
Und vor allem Volke hinrichten werden,
Dann wird eine große Pest entstehen,
Dass die Richter fliehen müssen.

Ludwig XVI. war an dem Unheil des Staates nicht schuldig, sondern trug nur ererbtes Übel. Nachdem er hingerichtet worden war, arbeitete das Blutgericht ständig, sodass niemand sicher war. Robespierre ließ mit bewusster Absicht seine Schandgenossen hinschlachten, Flucht war die einzige Rettung.

Zenturie 8, 17.

Die Güter des Wohlstandes werden aufhören.
Durch drei Genossen wird die Welt in Unruhe versetzt,
Der Feind erobert die Seestadt und behält sie.
Hunger, Feuer, Blut, Pest, von allen Übeln doppelt.

Die Schreckensherrschaft Robespierres dauerte vom 21. Oktober 1793 bis 9. Juli 1794. Über seine Taten und sein Ende sprechen die nächsten Verse.

Zenturie 6, 9.

In den heiligen Tempeln gibt es große Ärgernisse,
Die man sich noch zur Ehre und Vernunft anrechnet.
Einer, der sich goldene Münzen prägen läßt,
Wird auf elende Art ums Leben kommen.

Die Abschaffung des Christentums und die Anbetung der Tänzerin als Göttin der Vernunft ist allbekannt. Zur Ehre Robespierres wurden goldene Münzen geschlagen und zum Schluss kam er unter die Guillotine. Da er sich angstvoll um sein erbärmliches Leben wehrte und jämmerlich schrie, schlugen ihm die Henkersknechte vorher den Unterkiefer entzwei.

Zenturie 1, 57.

Mit großem Misston wird die Trombe zittern.
Wenn der Klang vertönt, hebt die Zwietracht das Haupt.
Dann wird der blutige Mund im Blute schwimmen
Und sein scheinheiliges Gesicht zu Boden fallen.

„Wenn Gott nicht existierte, müsste man ihn erfinden", hatte Robespierre gesagt und befahl, ein Fest zur Ehre des höchsten Wesens zu feiern, bei welchem er als Oberpriester auftrat. „Das höchste

Wesen“ scheint sich aber die Anerkennung durch diesen scheinheiligen Massenmörder als Beleidigung notiert zu haben, denn gerade dieses Fest schlug dem Fass den Boden aus.

Zenturie 1, 44.

Bald wird man wieder Opfer erleben.
Wer sich sträubt, wird widerrechtlich gemartert,
Weder Mönche, Nonnen noch Äbte wird es geben.
Teurer als Wachs wird der Honig sein.

Mit der Abschaffung des Christentums ging die Aufhebung der Klöster und Beschlagnahme der geistlichen Güter Hand in Hand. Jeder Widerstand gegen die Revolutionsregierung wurde sofort durch Misshandlung und Tod unterdrückt. Der nahrhafte Honig, die geistige Speise, war noch weniger zu beschaffen als materielles Gut.

Zenturie 7, 25.

Durch den Krieg ist das Heer aufgerieben.
Für die Neuschaffung fehlt das Geld.
Statt Gold und Silber prägt man Leder,
Gallisches Erz mit Limas Halbmond drauf.

In der großen französischen Revolution standen die Assignaten der Republik, die man mit Recht geprägtes Leder oder Pergament nennt, so tief im Werte, dass ein Paar Stiefel 20 000 Frs. kosteten. Die Armeen wurden damals nicht mehr durch Aussicht auf Sold geworben, sondern durch den Terrorismus und durch Raub und Brandschatzungen bezahlt.

Für uns ist dies nichts Besonderes mehr, denn wir hatten in Deutschland bereits Zeiten, in denen unsere Stiefel Milliarden wert waren. Aber den damaligen soliden Zeiten des Nostradamus war dies etwas Ungeheuerliches.

In seinem Briefe an König Heinrich gibt Nostradamus eine seiner wenigen klaren Zeitangaben:

> „Im Jahre 1792 wird man nach einer Verfolgung des Christentums sich eine Erneuerung des Zeitalters einbilden."

„Einbilden" ist nebenbei glänzend gesagt. Im September 1792 änderte das Revolutionstribunal die Zeitrechnung und begann mit dem Jahre 1, doch führte Napoleon bereits am 9. September 1805 wieder den Gregorianischen Kalender ein.

Inzwischen hatte sich die große Koalition gegen Frankreich gebildet und die Kriege begannen. 1794 wurde ein Luftschiff, erfunden von den Brüdern

Montgolfier, im französischen Heere zu Beobachtungszwecken im Kriege gegen Österreich und Italien verwendet.

Zenturie 5, 57.

Von Mont Gaulfier geht einer aus, der von
Der Luft aus das Heer benachrichtigen wird.
Zwischen zwei Felsen wird Beute genommen.
Vom sechsten Papst an wird das Ansehen fallen.

Der Felsen der Kirche verliert den Kirchenstaat und Pius VI. saß damals auf dem heil. Stuhl.

15. August 1769. Zenturie 1, 60.

In der Nähe von Italien wird ein Kaiser geboren,
Der dem Reiche teuer zu stehen kommen wird.
Man wird sagen, dass die Leute seiner Umgebung
Mehr Schlächter als Fürsten seien.

Zenturie 3, 35.

Im tiefsten Teile des Westens Europas
Wird von armen Leuten ein Kind geboren,
Das durch seine Sprache die große Truppe führt.
Nach dem Osten wird sein Ruf noch mehr wachsen.

Die Insel Korsika, das Geburtsland Napoleons, ist der tiefste Teil des westlichen Europas nach seiner geographischen Lage. Sein Vater war Dorfjurist und keinesfalls begütert. Durch seine Rede begeisterte er seine Soldaten und riss sie hin. Charles Richet übermittelt uns eine Ansprache Napoleons an seine Truppen:

> „Soldaten! Ihr seid arm, nackt und schlecht ernährt; Schätze breiten sich vor euren Augen aus; ihr braucht nur zuzugreifen! Marschiert – und ihr werdet in diesen Städten und Ebenen Ehre, Ruhm und Reichtum finden!"

Es ist also schon damals nicht mehr von der „Verteidigung des Vaterlandes, von den Mündigkeitsrechten der Menschheit" die Rede, sondern Napoleon ruft die Instinkte der Masse für seine Zwecke auf, die roheste Plünderungssucht und Habgier.

Der Orient ist der Osten, und durch seinen Zug nach Ägypten hat sich Napoleon einen Ruf erworben – er war gewissermaßen sein erster Schritt zur Macht.

Korsika kam gerade einen Tag vor Napoleons Geburt an Frankreich, also gilt „nahe bei Frankreich" als zeitlich und örtlich.

Zenturie 1, 4.

Aus dem Weltall tritt ein Monarch hervor,
Nicht lange währt sein Dasein und der Frieden.
Die kleine Fischerbarke geht zugrunde,
Die missgeleitet auf den Wellen treibt.

Napoleon! Aus dem Weltall trat er hervor, aus der Dunkelheit unterer Volksklassen, gesandt als Gottesgeißel, und er war sich des Amts bewusst, das ihm die Weltregierung übertragen hatte!

Auf seinem Zug nach Ägypten ließ er dem Divan zu Kairo sagen:

> „Verkündet dem Volke, dass, wer sich mutwillig gegen mich erhebt, nicht in dieser noch in jener anderen Welt Rettung finden wird. Ist jemand so blind, nicht zu sehen, dass das Schicksal alle meine Schritte leitet? Oder ist jemand so ungläubig, zu bezweifeln, dass alles in diesem Weltall der Herrschaft des Schicksals unterworfen ist? Ich könnte Rechenschaft von den geheimsten Gedanken eines jeden fordern, denn ich weiß alles. Aber die Zeit wird kommen, wo es jedem klar wird, dass ich höheren Befehlen folge, und dass keine menschliche Anstrengung etwas gegen mich vermag.“

In dem Schulkatechismus von 1806 ließ er lehren: „Unseren Kaiser Napoleon ehren und ihm dienen heißt Gott selber ehren und ihm dienen, denn er ist derjenige, den der Herr erweckt hat. Wer seine Pflicht gegen den Kaiser Napoleon nicht erfüllen würde, der würde sich auflehnen gegen den Willen Gottes *und die ewige Verdammnis auf sich laden.*"

Napoleons Regierungs- und Machtzeit dauerte nur kurze Zeit – 14 Jahre! –, und Frieden hat es eigentlich unter ihm nie gegeben.

Die kleine Fischerbarke ist die katholische Kirche. Im Februar 1798 hielt die französische Revolutionsarmee ihren Einzug in Rom, einige Tage später wurde der Papst gefangengesetzt, aller seiner Schmucksachen und seines spanischen Schnupftabaks beraubt. Sogar die Schreibutensilien versagte man ihm. Papst Pius VI. wurde dann nach Frankreich geschleppt, wo er am 29. August 1799 auch starb. Fast ein Jahr war die Kirche ohne Papst, denn erst im Mai 1800 wurde Pius VII. gewählt, der aber auch nicht des Kaisers gefügiges Werkzeug sein wollte und deshalb in die Gefangenschaft wandern musste.

Sonderbarerweise wurde der Papst durch Ketzer, Schismatiker und Ungläubige wieder auf den päpstlichen Stuhl gesetzt, was Nostradamus ebenfalls vorausgesagt hat.

Zenturie 8, 99.

Durch die Macht dreier weltlicher Könige
Wird der heilige Stuhl an einen anderen Ort gebracht,
Wo der verkörperte heilige Geist (Papst) eingesetzt
Und für den wahren Stuhl anerkannt wird.

Ein russisch-türkisches Korps auf englischen Schiffen landete in Apulien, das dann den 34 Kardinälen die Möglichkeit zur Papstwahl gab.

Zenturie 7, 13.

Das geschonte Haupt wird über die tributpflichtige
Seestadt die Herrschaft gewinnen.
Heftig verjagt er das Schmutzige,
14 Jahre lang wird er die Tyrannei besitzen.

Im Gegensatz zu den langhaarigen Perücken der französischen Könige trug Napoleon sein natürliches kurzgeschorenes Haar. Er vertrieb die Engländer aus Toulon, das sie im Zuge der Wirren besetzt hatten. Ohne lange zu überlegen und mit ungestümer Gewalt brach er die Macht der Revolutionsmännerregierung.

Seine Herrschaft zählte vom 9. November 1799 bis 13. April 1814, also tatsächlich 14 Jahre.

Um ganz sicher zu gehen, dass Napoleon auch wirklich gemeint ist, untersuchen wir weitere Verse.

Zenturie 4, 26.

Wie ein Bienenschwarm rauscht es heran.
Nachts werden Fallen gestellt, Häher unterm Ziegel.
Niemand weiß, woher sie entsprungen sind.
Verrat der Stadt durch fünf nicht nackte Zungen.

Dieser Vers ist wieder einmal ein Meisterstück der Verschleierung. Der Bienenschwarm ist Symbol und Wappentier der Napoleoniden. Der Häher ist ein listiger und geschwätziger Raub- und Würgevogel aus der Familie der Raben, also ein Raubvogel, aber kein königliches Tier. Der Ziegel oder die Tuilerien sind das königliche Schloss, welches auf dem Platze einer ehemaligen Ziegelei erbaut ist. Nicht nackte Zungen sind Sprecher im Amtskleid.

Die geschichtliche Tatsache ist folgendermaßen geschehen: Als Napoleon von dem ägyptischen Abenteuer zurückkehrte, wurde er mit großem Jubel empfangen und seine alten Soldaten hingen ihm sofort an. Am 18. Brumaire (9. September 1799) drang der Bienenschwarm (die Soldaten Napoleons) in den Versammlungssaal des Rats der Fünfhundert und ließ auf Empörungsrufe der Versammlung die Abgeordneten festnehmen.

Unter dem Vorwand der Notwendigkeit einer Verfassungsänderung, bei der Napoleon durch fünf Mitglieder des Direktoriums (Regierungsmitglieder Sieyes, Roger-Ducos, Gohier, Moulin und Barras) unterstützt wurde, ließ er sich zum Konsul wählen, welchem Titel er 1804 zur Macht auch den Glanz eines Kaisers beifügte.

Zenturie 8, 57.

Vom einfachen Soldaten wird er zur Kaiserherrschaft,
Vom kurzen zum langen Rock kommen.
Tapfer ist er im Kriege, in der Kirche ein Feuer.
Er quält die Priester, wie ein Schwamm das Wasser.

Zenturie 1, 76.

Von einem wilden Namen wird hergeleitet,
Er, den die drei Schwestern vom Schicksal haben.
Er wird ein großes Volk mit Wort und Tat führen
Und mehr Ruhm und Namen als andere haben.

Die drei Schwestern vom Schicksal sind die drei Parzen, die Schicksalsgöttinnen Klotho, Lachesis und Atropos. Der wilde Name heißt Apollyon, der Verderber. Napoleons Gegner nannten ihn das Tier aus dem Abgrund und fügten diesem Namen ein „Ne“ = gewisslich, zu. Auf dem Sockel der Vendomessäule bezeichnet sich Napoleon selbst mit „Neapolio, Imp. Aug." Der Name Verderber wird von Nostradamus in einem späteren Vers selbst angewendet.

Zenturie 1, 78.

Greisem Fürst wird Gott einen Sohn erwecken,
Der entartet an Wissen und Wappen ist.
Zu der Zeit ist Frankreichs Haupt der Schrecken
Der Schwesternstaaten. An Soldaten teilt er Land aus.

Obgleich Friedrich der Große keinen Sohn hatte, erhielt die Preußische Monarchie doch einen Erben und Thronfolger aus dem Königsgeschlecht.

Hier ist der gegebene Platz, um die „Lehninsche Weissagung" in Erinnerung zu bringen, deren Entstehung auf das Jahr 1230 gelegt werden muss. (Diese Lehninsche Weissagung ist für die Untersuchungen geschichtlicher Prophezeiung von ziemlichem Wert, selbst wenn sie – wie neuere Kommentatoren zu behaupten wagen – ihre Entstehung einer weit späteren Zeit verdankt.)

> Bald toset ein Jüngling daher, während die große Gebärerin seufzt.
> Doch wer wird den erregten Staat zur Ruhe bringen?

Er wird wohl die Kriegsfahne ergreifen,
aber hartes Missgeschick zu beklagen
haben.
Während es von Süden heraufweht, vertraut er sein Leben den Klöstern.

Friedrich der Große war bei seinem Regierungsantritt 28 Jahre alt. Bei Kriegsbeginn lag Kaiserin Maria Theresia im Wochenbett. Das recht wandelbare Kriegsglück gab Friedrich bei Kolin, Kunersdorf, Hochkirch und Dresden manches Rätsel auf, sodass er verschiedentlich auf der Flucht sich in Klöstern verbergen musste.

Im nächsten Verse der Lehninschen Weissagung folgt eine Parallele zur zweiten Zeile der Nostradamuszenturie 1, 78.

Sein Nachfolger ist der schlimmste, der
bösen Vorfahren nachahmt.
Es fehlt sowohl Tatkraft, als auch der Gottesglaube im Volk.
Dessen Hilfe er begehrt, tritt ihm feindlich entgegen.
Er geht im Wasser zugrunde, indem er
das Obere nach unten kehrt.

Der unsittliche Lebenswandel Friedrich Wilhelm II. ist bekannt, seine „Amouren“ und Ehescheidung eine Schande der Hohenzollern. Er erwartete von Franz II. von Österreich Hilfe gegen Frankreich, doch ließ ihn der Kaiser im Stich. Der Hinweis auf seinen Tod hat doppelte Bedeutung: Er starb infolge von Wassersucht und im Bade zu Potsdam.

Über Friedrich Wilhelm III. ergänzt die Lehninsche Weissagung:

> Sein Sohn wird blühen und erlangen, was er nie gehofft hat. Doch das Volk wird trauern und weinen zu jener Zeit.

Friedrich Wilhelm III. erlebte den Fall und die glänzende Wiedererstehung Preußens 1813/15. Die Zahl seiner Untertanen wuchs von 6 auf 13 Millionen – gewiss ein Erfolg, den er nie erträumt hätte. Das Volk hatte allerdings enorme Opfer an Gut und Blut zu bringen.

An späterer Stelle werden wir die Lehninsche Weissagung noch einmal in passender Umgebung anführen.

1810. Zenturie 1, 88.

Die göttliche Strafe überrascht den großen Fürsten,
Wenig vorher hat er eine neue Frau genommen.
Ruf und Kraft werden sich mit einem Schlag mindern,
Der Rat wird für den geschonten Kopf sterben.

Die Heirat mit Maria-Louise von Österreich war der Anfang von Napoleons Ende …

Zenturie 4, 54.

Vor dem Namen, den niemals gallische Könige führten,
Zittern Italien, Spanien und England wie vor einem Blitz,
Der in seiner furchtbaren Gewalt einherfährt.
Einer fremden Frau beweist er große Aufmerksamkeit.

Napoleon ist ein Name, der dem Französischen eigentlich fremd war. Vor ihm zitterten die genannten Staaten. Deutschland ist in diesem Vers nicht besonders genannt, da ihm ein besonderer Vers gewidmet war. Die fremde Frau ist Maria-Louise von Österreich.

20. März 1811. Zenturie 5, 61.

Das Kind des Großen, das noch nicht geboren,
Wird die hohen Berge des Apenin unterwerfen.
Freudenfeuer auf allen Bergen bis an den Mont Cenis.
Die Länder unter der Waage werden sehr erschreckt sein.

Napoleon ernannte seinen Sohn zum König von Rom, bevor er geboren war und befahl bei seiner Geburt öffentliche Freudenfeuer. Österreich, das Land unter der Waage war darüber sehr erschreckt, da sich Napoleons Gewalt ins Unermessliche auszudehnen drohte.

Zenturie 2, 91.

In der Richtung der aufgehenden Sonne großes Feuer.
Lärm und Feuerschein deuten nach Aquilon.
In der Runde hört man wilde Todesschreie.
Durch Hunger, Feuer und Schwert kommen die Angreifer um.

Am 14. September 1812 zog Napoleon nach der blutigen Schlacht an der Moskwa in Moskau ein. Der russische Gouverneur Rostoptschin befahl jedoch, Moskau anzuzünden und legte als Erster den Brand in seinen Palast. Ungeheure Lebensmittelreserven und die vor der Kälte des russischen Winters schützenden Häuser wurden zerstört. Am 19. Oktober erst konnte sich Napoleon zum Rückzug entschließen, der ihn die ganze Riesenarmee kostete. Die Trümmer der „großen Armee“ wurden von den Kosaken verfolgt und wer ihren Lanzen entging, den erreichten die Karabiner, und wen die Waffen verschonten, den zerbrach der Hunger und die Kälte.

1812. Zenturie 4, 82.

Wenn aus dem Slavenlande eine Volksmenge naht,
Wird der Verderber eine alte Stadt verwüsten.
Sehr zerstört wird er sein Römerland finden,
Die große Flamme wird er nicht auslöschen können.

Hiermit ist der Brand von Moskau zum zweiten Male angezeigt. Allerdings hat Napoleon nicht selbst die Stadt anstecken lassen – aber Nostradamus spricht eben die Sprache der Orakel. Die Pythia von Delphi ließ dem Krösus auch sagen: „Wenn Krösus über den Haly geht, wird er ein großes Reich zerstören" – und meinte damit sein eignes.

Bei der Rückkehr fand er auch eine Revolution in Paris vor, die er jedoch kraft seiner machtvollen Persönlichkeit leicht überwinden konnte.

1. März 1815. Zenturie 10, 24.

Der besiegte Fürst, bei Italien gefangen,
Wird zur See nach Marseille fahren.
Durch die Anstrengungen der Fremden überwunden,
Vor Feuerschlag bewahrt, ein Fass Bienenhonig.

Aus der Gefangenschaft auf der Insel Elba bei Italien entwich Napoleon zu Schiffe nach Cannes bei

Marseille, wo er Truppen sammelte und sich seinen Gegnern stellte. Bei Belle-Alliance wurde er besiegt, später gefangen genommen, als er sich zu Schiffe nach Amerika begeben wollte und wie ein Fass Honig bewacht.

Zenturie 6, 89.

In der Gefangenschaft zwischen zwei Inseln
Schmachtet der von heiliger Hand Gesalbte.
Wespen und Fliegen verachten seine Leibesfrucht.
Der Giftbecher ist schlecht gemischt.

Zeitlich zwischen den beiden Inseln Elba und St. Helena saß der Kaiser in Gefangenschaft und musste abwarten, was der Feindbund gegen ihn beschließen würde. Die Insekten (seine Gegner) widersetzten sich seiner Abdankung zugunsten seines Sohnes. In seiner verzweifelten Stimmung wollte sich Napoleon vergiften, doch sein Leibarzt Yvan konnte es nicht über sich bringen, seinem Herrn genügend scharfes Gift zu reichen. (Vielleicht hatte auch die Dosis des Gifts, welches er vorsichtshalber bei sich trug, an Kraft verloren.)

Zenturie 2, 69.

Wenn der gallische Herrscher die Uneinigkeit
In der großen Monarchie sieht, wird er seine Macht
Durch das Recht seines Schwertes dreiseitig erweitern,
Besonders gegen die Kappe der Priesterschaft.

Die große Monarchie war die heilige Allianz im Wiener Kongress, die lange Schwätzereien machte, wie derartige Versammlungen immer (siehe Völkerbund). Napoleon übersah dies schnell und versuchte noch einmal, durch die Macht seines Schwertes (dextra celtica), denn Macht geht vor Recht, damals und heute, sich durchzusetzen. Die weltliche Macht des Papsttums, der Kirchenstaat, war schon von ihm zerschlagen.

Zenturie 5, 60.

Das geschonte Haupt wird soviel Übel bringen,
Dass es fast nicht mehr zu tragen ist.
Seine Wut dezimiert das Menschengeschlecht,
Bis sich Feuer und Schwert sattgefressen hat.

Um Napoleons Blutdurst richtig zu kennzeichnen, sei nur darauf hingewiesen, dass ihm der Tod von hunderttausend seiner Soldaten, nach seiner eignen Aussage nichts war.

Zenturie 2, 44.

Der Adler wird ringsum von den Kriegszeichen
Andrer Vögel umgeben und besiegt werden.
Der Lärm von fremden Pauken und Trompeten
Wird die Sinne der Dame verwirren.

Napoleons sieggewohnter Adler wurde endlich von den Wappenvögeln des aufgewachten Europas eingekreist und überwunden. Die Dame Marianne, das französische Volk, war ganz bestürzt und verwirrt durch soviel allgemeine Feindschaft.

Zenturie 2, 66.

Mit großer Gefahr ist der Gefangene entwichen
Und für kurze Zeit ändert sich das große Glück.
Durch ein Dekret aus dem Palast irrt das Volk,
Die große Stadt wird fest eingeschlossen werden.

Auf der Flucht von Elba begegnete ein englischer Kreuzer dem Schiff des Kaisers und es bestand die Gefahr, erkannt zu werden. „Wie geht es dem Kaiser?“, fragte der Engländer. Napoleon, allein auf Deck verblieben, antwortete: „Dem Kaiser geht es gut!“, und segelte vorüber.

Sein Waffenglück währte jedoch nur kurze Zeit, 100 Tage.

Um sich des Volkes Treue zu sichern, erließ er in den Tuilerien ein Manifest an sein Volk mit großen Versprechungen. Er wurde jedoch besiegt und Paris von neuem eingeschlossen.

Zenturie 8, 58.

Wenn die Brüder um das Reich sich streiten,
Wird sich Britannien zum Verteiler machen wollen.
Ein Großer, der sich England angeschlossen hat,
Wird des Nachts gefangen und gerichtet.

Nachdem Napoleon abgesetzt worden war, meldeten sich viele Bewerber um den französischen Thron aus dem alten königlichen Hause. Die kaiserlichen Generäle fanden sich bald in die neue Ordnung und sogar Marschall Ney, nach Napoleons Ausspruch der Bravste der Braven, ging zur neuen Richtung über. Zu den Überläufern gehörte auch der Herzog Enghin, den Napoleon in der Nacht verhaften und erschießen ließ. Diesen Justizmord hat man dem Korsen besonders nachgetragen.

Zenturie 1, 43.

Bevor sich der Wechsel im Kaiserreich vollzieht,
Ereignet sich ein seltsamer Fall.

Das Gelände verändert sich, die Porphyrsäule
Wird auf einen knotigen Felsen übertragen.

Zur Verherrlichung seiner Taten ließ Napoleon eine Säule mit Tafeln seiner Kriegsereignisse aufrichten. Für die Statue bekam weder der Bildhauer noch der Metallgießer sein Geld, da sich inzwischen „das Gelände veränderte" und der Korse auf den knotigen Felsen von St. Helena verbannt wurde.

Zenturie 10, 90.

Hundertmal wird der Tyrann sterben,
Ein Weiser-Milder tritt an seine Stelle.
Den ganzen Senat wird er in der Hand haben.
Nur ein bösartiger Bube betrübt ihn.

Durch die schmachvolle Behandlung der Engländer, die mit kleinlichsten Schikanen ihren Gefangenen bewachten, erlitt Napoleon, der zu herrschen und zu befehlen gewohnt war, den hundertfachen Tod.

Napoleon starb am 5. Mai 1821 auf St. Helena (angeblich) an Magenkrebs.

Sein Nachfolger war Ludwig XVIII. – obgleich es einen Ludwig XVII. nie gegeben hat. Seine Regierungszeit dauerte von 1814 bis 1824, Regierung und Parlament waren sich einig. Der böse Bube ist sein

Stallknecht Louvel, welcher am 13. Februar 1820 ein vergebliches Attentat gegen ihn unternahm.

Zenturie 8, 61.

Niemals wieder wird einer aus dem Geschlechte
Der Markscheider graden Wegs auf den Thron kommen.
Er wird erst eine Unruhe verursachen müssen
Und dem Hahn weitere Zugeständnisse machen.

Nach dem französischen Nostradamuserklärer Le Peletier bedeutet dieser Vers, dass nie ein Napoleonide geraden Weges oder auf Erbansprüche auf den französischen Thron gelangen wird. Er wird immer auf dem Umwege einer Unruhe oder Revolution nach Zugeständnissen an das Volk den Thron erreichen. (siehe Napoleon III.)

1824 bis 1830. Zenturie 9, 89.

Sieben Jahre lang wird Philipp glücklich sein
Und den Ansturm der Barbaren zügeln,
Dann beginnt sich sein Glück zu wenden.
Eine junge Zwiebel wird ihn zugrunde richten.

Nachdem Ludwig XVIII. gestorben war, hinterließ er seinem Bruder Carl Philipp den Thron, der dann als

König Carl X. die Regierung übernahm. Unter seinem Regime gab es Kämpfe mit den Ägyptern und in Algier.

Wegen seines Widerstandes gegen ein verfassungsgemäßes, parlamentarisches Kabinett stürzte ihn eine dreitägige Revolution in Paris (27.–29. Juli 1830), sodass er genötigt war, nach England zu fliehen.

1830. Zenturie 5, 89.

In Ungarn und Böhmen kommt es zur Empörung,
Navarra verursacht eine französische Revolution.
Es entsteht eine Bewegung für Orleans,
Dem man die Lilienstandarte voranträgt.

Die Revolutionsperiode hatte bereits auf Ungarn und Böhmen übergegriffen, als in Frankreich Carl X., der Bourbone aus der Linie Navarra, durch sein Verhalten die Franzosen ebenfalls zur Empörung trieb. Nach seiner Flucht setzte man Ludwig-Philipp von Orleans auf den Thron. Die Lilienstandarte ist die Königsfahne der Franzosen.

Zenturie 3, 14.

Der Zweig einer tapferen Persönlichkeit,
Durch unglückseligen Vater geschändet,

Wird große Ehre, im Alter Leid haben,
Weil er bösem Rate gefolgt ist.

Herzog Philipp von Orleans war wegen Feigheit aus dem Heer ausgestoßen worden. Sein Hass richtete sich nunmehr gegen den König, und er glaubte durch sein Liebäugeln mit der Revolutionspartei den Thron für sich selber zu gewinnen. Während der großen Revolution legte er sogar die Titel und Würden ab und spielte unter dem Namen „Bürger d'Egalité" eine Rolle in den Klubs, bis man ihn selbst auf die Guillotine schleppte. Sein Sohn wurde gleichfalls verfolgt und musste sich im Ausland verbergen.

Der große Umschwung in Paris überhäufte ihn mit Ehren und Schätzen und gab ihm 1830 die Krone Frankreichs. Längere Zeit ging es ganz gut, dann hörte er auf schlechte Ratgeber und widerstrebte den Freiheitswünschen seines Volkes. Um nicht das Schicksal seines Vaters zu teilen, musste er zufolge einer neuen Revolution am 24. Februar 1848 wieder nach England fliehen.

1848. Zenturie 8, 53.

In Boulogne wird er seinen Fehler abwaschen wollen,
Er wird es aber nicht können. Mit hohen Taten
Wird er zum Tempel der Sonne fliegen.
Niemals gab es in der Herrschaft einen Ähnlichen.

Dieser Vers handelt von Louis Napoleon, den Prof. Richet eine recht mittelmäßige Persönlichkeit mit hanswurstmäßigen Unternehmungen nennt. Aber er trug den Namen des größten Hallunken, der je gelebt hat, sagt Richet weiter ...

Dieser Napoleon versuchte 1836 in Straßburg eine militärische Erhebung hervorzurufen, machte sich hierdurch aber nur lächerlich. (Nach Richet: Allgemeine Kulturgeschichte. Fol. 387.) Vier Jahre später erneuerte er seine Aufstandsversuche in Boulogne und wollte den Fehler von Straßburg wieder gut machen. Da hierbei der Tod eines Menschen verursacht wurde, erhielt er nach seiner Gefangennahme eine Festungshaft zudiktiert, die er in Ham abbüßte. 1848 bewarb er sich um die Präsidentschaft der Republik und wurde von einer erdrückenden Mehrheit auch gewählt. Er ernannte Minister und Generäle, die ihm treu ergeben waren und freute sich stets von neuem, wenn ihm die Soldaten (schon 1849 als Präsident) zuriefen: „Es lebe der Kaiser!"

Nach einer Volksabstimmung vom 20. November 1852 ließ er sich zum Kaiser „Napoleon III." ausrufen. Seine größten Kriegstaten ließ er in Italien (im Tempel der Sonne) vollbringen.

Nach welcher Richtung das Urteil der letzten Zeile gedeutet werden muss, kann nach der Schilderung historischer Tatsachen dem Leser überlassen bleiben.

Zenturie 5, 92.

Nach einer Zeit von siebzehn Jahren
Warten fünf auf den heil'gen Thron.
Einen werden sie von der Dame wählen lassen,
Dem es an der Gunst der Römer fehlt.

Nach der 17-jährigen Regierungszeit Louis Philipps von Orleans warteten fünf andere Glieder Orleans auf den Thron. Sie wurden durch die Wahl Napoleons zur Seite geschoben. Die Theaterpolitik Napoleons III. gefiel in Rom weder den strengen Katholiken noch den römischen Revolutionären.

1852. Zenturie 8, 43.

Durch Abschneiden der beiden Bastardangelegenheiten
Wird der Neffe des Bluts die Herrschaft an sich reißen.
Im Keltenlande wird es deshalb Kämpfe geben.
Aus Furcht wird der Neffe die Fahne entfalten.

In diesem Verse liegt die Gesamtübersicht über das Schicksal Napoleons III. zusammengefasst. Als Royalist und Verächter der Revolutionen konnte Nostradamus sehr wohl die Herrschaft Ludwigs XVIII. und der Nationalversammlung als „Bastardangelegenheiten“ bezeichnen. Der Bestand seines Thrones wurde in Frankreich angefochten und zum Schluss entfaltete er die Fahne, und zwar die weiße Fahne bei Sedan.

1870. Zenturie 2, 92.

Wenn goldfarbenes Feuer vom Himmel fällt,
Wird er von einem Hochgeborenen geschlagen.
Wunderbare Fügung, gefangen wird der Neffe des Großen,
Dem Theatertode entgeht der Stolze.

Goldfarbenes Feuer sind die Meteore der Persiden im August/September – das gibt die Jahreszeit an. Der Hochgeborene ist Kaiser Wilhelm I. Die dritte Zeile erinnert an das Telegramm des Kaisers an die Kaiserin Augusta: „Welch eine Wendung durch Gottes Fügung", welches er nach der Gefangennahme Napoleons III. nach Berlin sandte.

Der Theatertod bezieht sich wahrscheinlich auf den Brief Napoleons: „Da es mir nicht vergönnt war, an der Spitze meiner Truppen zu sterben, so überreiche ich hiermit Ew. Majestät meinen Degen."

Zenturie 4, 73.

Der Neffe des Großen wird mit Macht
Zum Frieden drängen und zaghaften Herzens sein.

Der Herzog von Ferrara und Asti wird es erfahren,
Wenn das Schauspiel sich dem Ende zuneigt.

Der genannte Herzog war gleichzeitig König von Piemont, dem die französischen Truppen so schwere Stunden bereitet hatten und deshalb mit besonderer Freude von Napoleons Sturz gehört haben wird.

28. Januar 1871. Zenturie 7, 34.

In großem Leid wird das gallische Volk sein,
Weil das eitle Herz verwegene Unternehmen beginnt.
Weder Salz noch Brot, Wein noch Bier; Wasser schlecht.
Der Höchste wird gefangen. Hunger, Kälte, allerlei Not.

Napoleon war bereits gefangen, und Paris musste sich wegen Mangel an Lebensmitteln ergeben. Das eitle Herz war eigentlich mehr die Kaiserin Eugenie, „die ins Feuer bläst hinein."

9. Januar 1873. Zenturie 6, 22.

Aus Gram über den erheuchelten Frieden
Im Lande des großen Himmelstempels wird der Neffe
In London getötet. Die Barke wird schismatisch sein.
Falsche Freiheit ist in Herz und Mund.

Über den erzwungenen Frieden wird sich Napoleon sicher sehr gegrämt haben, da er ihm den Verlust der Krone brachte. Er starb an den Folgen einer Operation in Chislehurst bei London.

Mit dem Kriege von 1870/71 lief ein Kirchenstreit um die Unfehlbarkeitslehre des Papstes, der uns heute unwichtig erscheint, damals im katholischen Frankreich aber großen Staub aufwirbelte und eine Abspaltung der Alt-Katholiken zur Folge hatte.

Wie alles Vergängliche nur ein Gleichnis ist, so ersieht auch Nostradamus hier die Veränderung, den Wechsel aller Dinge als den Vater des Seins. Das kurzlebige Menschengeschlecht hat immer noch nicht eingesehen, dass zu jeder Aktion die Reaktion, dass zu jedem Siege die Niederlage letzten Endes das Gefolge ist.

In den Freudenbecher des Siegers von 1871 ergießt sich sofort ein Wermutstropfen.

Zenturie 1, 32.

Das große Reich, das früh zerstückelt,
Wird aus dem Innern heraus,
Aus kleiner Grafschaft wachsen.
In seinem Schoße wird das Zepter ruhn.

Die Brandenburgisch-Preußische Geschichte zeigt den Werdegang des Burggrafengeschlechts der

Grafschaft Zollern über die Markgrafen-Lehnsherrschaft zum Königtum und zur Kaiserkrone. Der Bestand des deutschen Kaiserreichs währte keine 50 Jahre, gewiss weltgeschichtlich eine recht kurze Zeit.

Zu obenstehendem Vers gibt auch die Lehninsche Weissagung wieder einige beachtenswerte Ergänzungen.

Es heißt da:

> „Nun scheinen wunderbare Ereignisse zu kommen. Der Fürst ahnt nicht, dass eine neue Macht im Wachsen ist."

Wunderbare Ereignisse waren das Angebot der deutschen Kaiserkrone an Wilhelm I. aus dem Geschlecht der kleinen Zollerngrafen, vielleicht auch die eigenartige Fügung des frühen Todes des beliebten Kaisers Friedrich III. durch Kehlkopfkrebs. Inzwischen begann auch Bismarcks Kulturkampf-Politik seine giftigen Früchte zu tragen, denn auch ein Bismarck war dem eigenartigen Gegner „Kirche" nicht gewachsen.

In dieser Zeit wuchs auch die neue Macht, die rote Internationale, die Sozialdemokratie. Darüber spricht sich Nostradamus unten noch deutlicher aus.

So klar und wahr die Aussagen nach dem Ereignis erkannt werden, so verschleiert sind sie vorher.

Das alte lateinische Sprichwort: „Quod de futuris non est determinata omnino veritas“ behält eben immer recht. (Zu deutsch: Eine genaue Wahrheit über das Zukünftige gibt es nicht.)

1900. Zenturie 5, 24.

Steht Herrschaft und Gesetz unter Venus,
So wird Saturn aber Jupiter die Gewalt haben.
Wenn die Sonne in der Erhöhung steht,
Macht es Saturn anhaltend schlechter.

Nach einer alten im esoterischen Wissensgut der Astrologen verbürgten Berechnungsart wechseln die Planeten in bestimmter Reihenfolge und in gleicher Dauer gewisse Zyklen, in welcher der Planet dann die Oberherrschaft im Irdischen ausübt.

Eine solche Herrschaftsdauer der Venus beginnt mit dem Jahre 1900. Selbstverständlich wirken die Planeten dann immer die Eigenschaften aus, die von den Menschen seinen Kräften abgewonnen werden. Jeder astrologisch Orientierte weiß, dass Venus sowohl hohe beglückende Schwingungen im edelsten Sinne des Wortes hat, aber auch recht leicht und verführerisch (besonders nach der erotischen Seite) aufgefasst werden kann.

Wer nun nicht gerade blind durch die letzten Jahrzehnte gewandert ist, sah den Aufschwung des zynisch Offenen in allen Genusssphären der niedrigen Sinnestriebe. Was der Mensch säet, das muss er ernten. Es hätte die augenblickliche Zeit eine Periode sozialen Verständnisses und eine Erhebung der Bedrückten bedeuten können – wenn die Menschen besser wären.

Was uns die Zeit brachte wissen wir.

Im Jahre 1914 hatte Venus auch die Unterherrschaft, und der Tanz begann. (1928 erfolgt übrigens ein ähnliches, wenn auch nicht bei uns.)

Wenn wir nun überlegen, wann die Sonne in der Erhöhung ist, so muss uns die Endzeit des Juli ins Auge fallen, wenn die Sonne in ihr eignes Zeichen Löwe tritt.

Ende Juli 1914 erfolgte das Attentat in Serajewo – und dann machte es Saturn anhaltend schlechter.

Diese Erkenntnis mag um so schmerzlicher sein, als im vorletzten Jahr des vorhergehenden Zyklus noch der russische Zar einen internationalen Schiedsgerichtshof anregte und 1899 im Haag 76 Vertreter aller Länder zur ersten Haager Konferenz zusammentraten. Eingeleitet wurde die Mordperiode durch das Attentat auf König Humbert von Italien am 30. Juni 1900 in Monza.

1900. Zenturie 5, 28.

Von einer geheimen Verschwörergesellschaft
Werden drei Männer durch das Los bestimmt,
Mit bleichem Gesicht und verstecktem Dolch
Den Großen von Genua zu töten.

Der Große von Genua kann nur der König von Italien sein, denn die mittelalterliche Zerrissenheit Italiens bestand nicht mehr. Die geheime Verschwörergesellschaft, welche Mörder durch das Los bestimmt, sind allein die Anarchisten.

Der König mag auch sein Schicksal geahnt haben, denn er soll in den Tagen vor seinem Tode gesagt haben: „Zwei Attentaten bin ich entronnen, dem dritten werde ich zum Opfer fallen."

Alle diese Tatsachen sind durch die Tagespresse damals bekannt geworden.

1911. Zenturie 6, 80.

Der König von Marokko wird von Europäern gefangen,
Viele Menschen werden getötet, das Land zerteilt.
Der Große von Asien bekommt große Macht zu Land
und See.
Unter der Christenheit entsteht ein großes Morden.

Der letzte König von Marokko, Sultan Abdul Aziz, wurde 1911 als Gefangener nach Frankreich gebracht. Sein Land teilten sich Frankreich und Spanien.

Die letzten beiden Zeilen dieses Verses führen uns in den Weltkrieg ein.

1912. Zenturie 1, 42.

Am 10. April nach Gothischem Kalender, Zauberwerk.
Eine teuflische Versammlung löscht das Licht,
Von boshaften Menschen beauftragt,
Sucht man die Knochen des d'Amant und Pselin.

Hier handelt es sich um eine schwarze Messe, die immer Karfreitags von Teufelsanbetern zelebriert wird. Dies ist keine Symbologie, sondern bittere Wahrheit. Auf die teuflische Versammlung und die boshaften Menschen möchte ich nicht eingehen, da derartige Erörterungen in der Öffentlichkeit wenig Zweck haben. (Wer sich in der modernen Literatur unserer Tage etwas umgesehen hat, wird mit Leichtigkeit die Schriftsteller herausfinden, die über die schwarze Messe genaustens orientiert sind.)

Um dieser Aussage hier einen Sinn zu geben, möchte ich nur bemerken, dass der in Frage kommende Tag sich im Jahre 1912 ereignete. Wie dies in Verbindung mit dem Weltkrieg zu bringen ist, muss ich leider der Findungsgabe des Einzelnen überlassen – wenn er nicht einer der inneren Kreise esoterischer Logen angeschlossen ist.

1914. Zenturie 1, 26.

Wie ein Blitz aus heiterm Himmel mitten am Tage!
Das Unglück herein. Vorherverkündet vom Unglücksplaneten.
Genau nach der Weissagung überfällt bei Nacht
Die Pest Reims, London und (später) Etrurien. (Italien.)

Dass die Länder durch gewisse Städte bezeichnet werden, darf nicht auffallen. Das vorher angezeigte Unglück war sicher die Ermordung des österreichischen Thronfolgers, denn nach diesem Ereignis war es für die ganze Welt klar: Jetzt passiert etwas!

Zenturie 2, 57.

Bevor die Kultur im Weltkriege zusammenbricht,
Wird ein Großer eines gewaltsamen Todes sterben.
Von dem unfertigen Volke ertrinken viele,
Und die Ufer des großen Stroms sind blutgefärbt.

Der Massenmord des Weltkrieges hat zweifellos die Kultur weit zurückgeworfen. Die Ermordung eines

Großen war das Signal zum Kriege, nämlich die Ermordung des Erzherzogpaares in Serajewo.

Das unfertige Volk ist ein noch in der Kultur zurückgebliebenes, die Russen, deren Riesenheer in die Masurischen Seen und Sümpfe gejagt wurde und elend umkam. Am großen Rheinstrom kam es zum Hauptkampf, sodass buchstäblich die Erde rot gefärbt wurde.

Zenturie 6, 90.

Die abscheuliche Verleumdung stinkt zum Himmel,
Doch nach dem Ereignis erkennt man die Wahrheit.
Von allen Seiten wird man sich entschuldigen,
Wenn auch der große Neptun sich zum Frieden neigt.

Da man dem deutschen Heere nicht mit Waffengewalt beikommen konnte, so versuchte man es mit Verleumdungen. Welcher unsauberen Mittel sich die Feindespresse in der Propaganda gegen Deutschland bediente, ist allzu bekannt. Es gab wohl keine nur denkbare Scheußlichkeit, die man den Deutschen während des Weltkrieges nicht nachgesagt hätte. Nach dem Kriege aber kamen die Richtigstellungen aus den ehemaligen Feindesländern immer lauter, in denen man sich mit „notwendiger Kriegstaktik“ entschuldigte.

Zenturie 6, 26.

Vier Jahre wird die Belagerung dauern.
Einer wird noch hinzukommen mit unzüchtigem Lebenswandel.
Ravenna und Pisa werden Verona unterstützen,
Um das so sehr erwünschte Kreuz des Papstes aufzurichten.

Von 1914 bis 18 sind vier Jahre. Amerika kam später hinzu, der unzüchtige Lebenswandel liegt vielleicht in dem Motto des Amerikaners „Mach Geld, mein Sohn, wenns geht auf anständige Weise, aber – mache Geld." Die letzte Zeile gibt uns einige Gedanken über die Kirche und ihre Interessen am Sturz des protestantischen Kaisertums.

Nun folgt gleichsam eine statistische Übersicht.

Zenturie 1, 15.

Mars bedroht uns mit seiner kriegerischen Stärke.
70 Male wird er das Blut verspritzen lassen.
Glänzen wird die Geistlichkeit,
Noch mehr aber zittern, die nicht zu ihr gehören.

Es haben tatsächlich zwischen Deutschen und Franzosen etwa 70 Schlachten stattgefunden.

Zenturie 1, 12.

Kurz gesagt: Die Sichel, das zerbrechliche Wesen,
Ist schnell aus der Tiefe zur Höhe gekommen.
Dann kommt ein Augenblick des Schwankens und
Treulosigkeit.
Der über Verona die Regierung hat.

Die Sichel oder der Halbmond ist die Türkei. Wie schnell hat sich der kranke Mann am Bosporus zum Bündnis und Krieg entschlossen, aber der Bundesgenosse von Verona (Italien) schwankte und wurde treulos.

1916. Zenturie 5, 42.

Mars in seiner höchsten Erhöhung wird die Allobroger
Veranlassen, sich von Frankreich zurück zu ziehen.
Die Lombarden bringen gewaltigen Schrecken,
Denen vom Adler unter dem Zeichen Waage.

Mars in höchster Erhöhung ist der Weltkrieg, die Allobroger sind ein Volksstamm aus der Gegend von Savoyen. (Das italienische Königshaus ist von Savoyen.) Die Verbindung ergibt sich schon mit den Lombarden. Der Adler unter der Waage ist die österreichische Monarchie.

Als der Weltkrieg auf der Höhe stand, zog Italien die Truppen von der französischen Grenze hinweg und beteiligte sich am Kriege hauptsächlich gegen Österreich ziemlich bedrohlich.

Zenturie 3, 13.

Verfinsterung der Himmelslichter zeigt Unheil,
Zwei Gefangene kommen in große Hungersnot,
Der Größte der Stadt wird vernichtet,
Wenn die Flotte unter Wasser schwimmen kann.

Die totale Sonnenfinsternis ereignete sich am 23. August 1914. Sie war in Europa sichtbar und ihre Wirksamkeit dauerte nach astrologischer Berechnung bis zum Herbst 1918.

Die beiden Gefangenen beziehen sich auf die gegenseitige Blockade Deutschlands und Englands. Der Größte der Stadt war Lord Kitchener als englischer Kriegsminister und Höchstkommandierender und ging mit dem Kreuzer „Hampshire“ unter. Es ist in der Öffentlichkeit nicht bekannt geworden, ob die Ursache des Untergangs der Sturm oder ein Unterseeboot war.

Zenturie 6, 7.

Das schwarze Dacien und die britischen Inseln
Leiden durch den Brüderbund große Plagen.
Der römische Befehlshaber und das gallische Blut
Werden in den Wäldern geschlagen und zurückgedrängt.

Das schwarze Dacien ist Rumänien, welches von den deutschen Truppen bis auf den letzten Platz erobert wurde, und die Not der britischen Inseln während des Weltkriegs ist durch die Unterseeboot-Blockade genügend bekannt. Die vereinigten Brüder sind Deutschland und Österreich, die auch Italien und Frankreich schwer zurückdrängten.

Zenturie 2, 68.

Die Anstrengungen des Nordens werden groß sein,
Nach dem Ocean ist die Pforte offen.
Das Königreich auf der Insel wird wieder unberührt bleiben,
Doch zittert London, wenn es das Schiff entdeckt.

Zenturie 3, 71.

Die Einen auf der Insel, lange belagert,
Gewinnen Kraft und Stärke gegen die Feinde.

Die Anderen werden durch Hunger kraftlos stürzen,
In noch größeren Hunger als je geraten.

Die Unterseeboote hielten den Ausgang offen, doch war eine Einfahrt nach England nicht möglich, es blieb unberührt, fürchtete nur unsere Luftsegler. Besonders gefürchtet war der große Zeppelin mit den Bombenabwürfen. Trotzdem gelang die Hungerblockade gegen Deutschland.

Zenturie 3, 1.

Nach Kampf und Seeschlacht werden die Roten
Vor Furcht erblassen.
Der große Neptun wird sich auf der Höhe
Seiner Macht befinden und das Weltmeer erschrecken.

Neptun ist der Meergott und der große Neptun ist die größte Seemacht, also England. Die Roten sind die bekannte Partei in Deutschland, die mit aller Macht den Unterseebootkrieg verhindern wollten, was bei der geistigen Inferiorität der maßgebenden Stelle auch gelang. Die Folge war das kaiserliche Gebot der Einschränkung des Unterseebootkrieges.

Die Katastrophe setzte nach der Skagerrakschlacht ein.

Zenturie 1, 100.

Lange Zeit wird am Himmel der graue Vogel gesehen,
Einen grünen Zweig im Schnabel haltend …
In der Nähe von Dole und dem Toskanischen Gebiet
Groß geworden, wird er sterben und den Krieg beenden.

Wer denkt bei dieser Friedenstaube nicht an die wiederholten deutschen Friedensangebote? (Hauptsächlich von der Schweiz vermittelt.) Aber der Feind wusste nur zu genau, dass der Hunger auch den größten Mut zunichte macht.

Zenturie 4, 100.

Das Feuer fällt vom Himmel auf das Königshaus.
Wenn das Licht des Mars erbleicht,
Geht der Krieg noch sieben Monate weiter.
Rouen und Evreux werden zum König halten.

Das Feuer vom Himmel deutet auf die Beschießung von Paris durch die Langrohrgeschütze, welche den Luftraum der Erde durchschlagen haben sollen – und so wirklich „vom Himmel“ kamen. Sieben Monate vor Schluss des Krieges war der Friedensschluss von Brest-Litowsk (Russland). Die beiden genannten französischen Städte sind stets sehr royalistisch gewesen.

Zenturie 2, 76.

Blitze schleudert aus Burgund ein Ungeheuer,
Maschinen sollten dies nie machen können.
Der lahme Priester des Kirchensenats
Wird den Feinden alles verraten.

Das Großgeschütz hatte seinen Stand in Burgund, Nostradamus wundert sich über diese Maschine. Der lahme Priester wurde wegen der Nachrichten zur Rechenschaft gezogen.

Zenturie 7, 39.

Wenn der französische Oberbefehlshaber den Verlust
Der Hauptstellung befürchtet, wird sich das seltsame
Volk unter Bekleidung hafer-schiefer-farben
Auf die Völker von Genua stürzen.

Wie wir aus früheren Quatrains wissen, ist das seltsame Volk die aus den verschiedensten Völkern bunt zusammengewürfelte österreichische Monarchie. Es handelt sich um den Piave-Übergang der österreichischen Truppen gegen Italien. Die Bekleidung von Hafer und Schiefer ist das spezifische Feldgrau der Österreicher.

Zenturie 6, 97.

Um den 45. Grad wird der Himmel brennen,
Die Gefahr nähert sich der großen Stadt.
Plötzlich wird die Flamme weithin springen.
Für den Prinzen Orleans schafft man Beweise.

Die große Stadt unter dem 45. Breitengrade ist Mailand. „Der Himmel brannte" bezieht sich auf den starken Angriff der deutschen Truppen, die Mailand zu besetzen drohten.

Plötzlich sprang die Flamme weithin – in Frankreich setzte die Oster-Offensive ein. In Gallien befürchtete man einen Umsturz, und die royalistischen Kreise waren bemüht, wieder für das Königstum in Frankreich große Propaganda zu machen. Zu diesem Zweck hatte man für einen Prinzen von Orleans bereits Beweise für die Berechtigung zur Thronfolge gesammelt.

Zenturie 9, 31.

Die Bevölkerung von Mailand erzittert,
Wenn der Kaiser von Deutschland zur Hälfte eindringt.
An der schlafenden Front wird wieder der Krieg erweckt,
In Frankreich tun sich zu Ostern Abgründe auf.

Im französischen Original heißt es: „Cassich St. Georg". Cassich ist das hebräisch verstümmelte „Cäsar", St. Georg war im Mittelalter der Schutzheilige Deutschlands, wie jetzt St. Michael oder kurz Michel.

Um die Osterzeit 1918 befürchtete man in Frankreich den Zusammenbruch.

Zenturie 8, 60.

Als Erster in Gallien, als Erster in Italien,
Wird er zu Wasser und zu Lande gegen die Engländer
Und Paris Wunder tun durch großzügige stürmische Anlage.
Das Gebiet von Lothringen wird er trotzdem verlieren.

Im Felde unbesiegt! Im Weltkriege siegten wir fast ausnahmslos, aber trotz unserer Schlachtensiege gewannen die Anderen den Krieg. Wir siegten in Russland, Rumänien, Serbien, Italien, Frankreich und Belgien, unsere Flotte bedrohte die zahlengemäß weit überlegene englische Flotte, die sich in ihre Häfen verkroch – dennoch mussten wir Lothringen verlieren! Schicksal!

Zenturie 9, 40.

Im Zauberwald von St. Quentin werden Flamen zerhackt.
Die beiden Erstgeborenen führen die Truppen.
Mit bisher unerhörten Schlägen siegen sie,
Sodass alle Wachen eingestoßen werden.

Die beiden Erstgeborenen sind die beiden Kronprinzen von Preußen und Bayern als Heeresführer. Der Durchbruch drohte bei St. Quentin.

Zenturie 4, 8.

Die große Stadt wird nachts durch Schleichangriff
Überrumpelt, die Wachen sind unterbrochen und
Die ausgestellten Wächter bei St. Quentin erschlagen.
Die Tore scheinen erbrochen.

Zenturie 6, 99.

Der gelehrte Feind wird sich beschämt abwenden müssen,
Großes Krankenlager und Hinterhalte schwächen ihn.
Die Pyrenäen und Alpen bleiben ihm noch verschlossen.
Nahe bei dem Flusse entdeckt man alte Urnen.

Die Deutschen galten schon lange als das Volk der Denker und Dichter, darum ist die Bezeichnung „der gelehrte Feind“ unzweifelhaft. Die Osteroffensive brach zusammen wegen Krankheit und Hinterhalte. General Ludendorf schreibt in seinen Kriegserinnerungen: „Grippe und revolutionäre Beeinflussung."

Zenturie 2, 90.

Wenn sich die Herrschaft in Ungarn
Durch den Tod verändert hat, ist das Gesetz
Schlimmer als die Knechtschaft Heulen und Geschrei,
Bürgerkrieg. Castor und Pollux sind Feinde.

Durch den Tod des greisen Kaisers Franz Joseph zerriss das Band der Habsburgischen Monarchie, das auch der junge Kaiser Karl nicht neu zu knüpfen vermochte.

Nachdem nun die bulgarische Front zusammengebrochen war, kam auch gleich darauf Österreich-Ungarn zu Fall. Die beiden Bruderstaaten stellten sich sogar feindlich gegenüber.

In Ungarn setzte bald die offene Revolution ein. Bela Khun und Anhang bolschevisierten Ungarn, die Nächsten bekämpften sich.

Zenturie 8, 85.

Zwischen Bayonne und St. Jean de Lux wird das Vorgebirge

Des Mars errichtet werden. Den Anstrengungen des Nordens
Wird eine Hure das Licht nehmen.
Dann wird er im Bett erstickt, ohne dass man ihm Hilfe bringt.

Im Dezember 1917 war in den Zeitungen zu lesen, dass die Amerikaner an den beiden genannten Orten und Umgebung große Truppenlager errichteten zur Ausbildung ihrer Truppen für den Frontdienst. Den Ausschlag im Weltkrieg gab unzweifelhaft Amerika. „Im Bett erstickt" heißt von der Heimat aus erwürgt, Dolchstoß in den Rücken.

Zenturie 7, 37.

Auf der Flotte bricht Meuterei aus.
Zehn werden abgeschickt zum Offiziersmord.
Von einem gewarnt, ist der Chef ratlos.
Einer verübt Selbstmord.

Zenturie 5,83.

Diejenigen, welche es unternommen haben werden,
Das unvergleichliche, unbesiegbare Reich zu zerstören,
Werden es durch Betrug ausführen. Drei Nächte lang
Benachrichtigen sie sich. Der Größte liest die Bibel.

Zenturie 4, 45.

Durch einen Konflikt wird der Herrscher das Reich verlassen.
Wenn die Not hereinbricht, wird der größte Feldherr
Abzüglich der Toten und vorher Geflüchteten
Mit wenigen davonkommen. Einer ist Zeuge.

Zenturie 4, 75.

Wenn sich der Sieg ihnen schon zuneigt,
Werden die Truppen abfallen.
Die bestohlenen Sieger müssen sich verteidigen,
Nach dem Waffenstillstand werden sie geschlachtet.

Das Geschrei gegen die Tatsache des „Dolchstoßes in den Rücken" ist nach den Feststellungen des Nostradamus vollständig überflüssig. Der Prophet hat die Betrüger schon 500 Jahre vor der Tat überführt. Die anderen Verse sprechen eine deutliche Sprache.

Zenturie 6, 25.

Durch Mars wird die Monarchie zu Gegensätzen geneigt sein
Wegen des großen Sünders in verzehrender Unruhe.
Schwarz, rot, gelb wird die Hierarchie ergreifen.

Die Urheber werden an einem nebligen Tage dazu-
schreiten.

Schwarz-rot-gelb ist die Fahne der Republik. Die Revolution fand im Nebelmonat statt.

In der Geschichtsprophezeiung bis auf unsere Zeit gekommen, spricht die Lehninsche Weissagung eigenartigerweise von dem „Letzten seines Stammes“ und sagt:

„Israel wagt ein abscheuliches Verbrechen,
Das nur mit dem Tode gebüßt wird.“

Oder sollte das „abscheuliche Verbrechen“ noch vor uns liegen und auf die später angeführte Hinrichtung eines Fürsten in Deutschland Bezug haben?

Zenturie 1, 39.

Nachts im Bett wird der Oberste überrascht,
Weil er zu sehr gezögert und unentschlossen war.
Durch drei wird das Kaiserreich ersetzt,
Sie fragen nichts nach seinem Untergang.

Wenn die Umsturzdrohung auch schon längst vorhergesehen werden konnte, so kam sie dennoch überraschend. Die drei, welche das Kaiserreich ersetzten, waren: Ebert, Scheidemann und Noske.

Zenturie 8, 19 und 20.

Zur Unterstützung der neuen Regierung
Werden die Roten umziehen, um ihre Kappe leuchten
Zu lassen. Familien werden mit Todesfällen überhäuft.
Die Roten werden die Roten totschlagen.
Die falsch erlogene Botschaft durchläuft die Stadt,
Die durch abgebrochene Speere gesperrt ist.
Stimmzettel werden verteilt, das Heiligtum ist blutig
Und einem Anderen wird das Reich verpflichtet.

Vers 19 deutet klar auf die Unruhen der extremen Parteien, die von den gemäßigteren Richtungen und der Regierung niedergeschlagen wurden.

Der Reichskanzler, Prinz Max von Baden, veröffentlichte die Abdankung des Kaisers, bevor er sie erklärt hatte, als Faktum. Die Abdankung ist also als falsch erlogene Botschaft festgestellt.

Zenturie 1, 82.

Wenn die Holzsäulen stark erzittern,
Werden andere aus Rotstein aufgeführt.
Ausgestoßen aus der Staaten Gemeinschaft
Wird das geschwächte Wien und Österreich erzittern.

Holzsäulen sind naturgewachsene Bäume, andere aus Rotstein dagegen sind tote Kunstprodukte. Das andere ergibt sich aus den Folgen dieser Dinge, denn Bäume haben Leben und ergänzen sich naturgewollt, Steinsäulen zerbröckeln.

Sowohl das Wachsen der „Holzsäulen“, als auch das Zerbröckeln der „Steinsäulen“ unterliegt dem naturgemäßen Werdeprozess, darum soll man politische Ereignisse nicht plötzlich und unvermittelt erwarten. Aus den übereilten Erwartungen entstanden die Fehlprophezeiungen der Nachkriegszeit, die weit später Liegendes vorwegnahmen. Solche Handlungsweise irritiert das Publikum nur.

Wir geben nachstehend zwei anderweitige Voraussagen, die zu dem obigen Nostradamusvers in Verbindung stehen.

Robert Hamerling sagt da in einer inspirierten Dichtung:

„Österreich, du totgeglaubtes, eh' die 20 Jahr' vergehn,
Wirst du stolz und jugendkräftig vor den vielen Völkern stehn.

– * –

Freue dich der Heldenzeiten, das Geschick ist dir verbündet,
Fürchte nichts von deinen Feinden. Wahrheit hab ich dir verkündet.“

Im Jahre 1905 prophezeite Frau de Ferriem:

> „Habsburg ruht in Särgen. – Deutsches Reich, deutsche Einigkeit! – Groß, mächtig. – Und dazu stolz trägst du dein Haupt empor. – Wie weit reicht deine Grenze? – Sie dehnt sich dort bis an die Wolga – sie reicht dort bis an die Pyrenäen – sie reicht dort bis an den Stuhl Petri. Es ist vollbracht – dermaleinst (d. h. etwa nach 70 Jahren) wird nicht mehr ein so kleines Deutsches Reich sein, dann wird es 3½mal so groß sein, wie es heute ist."

Über diese Fragen spricht sich Nostradamus später noch ganz klar aus.

Zenturie 6, 8.

Die Wissenschaft wird im Reiche entwertet werden,
Nach dem Umsturz werden sie besitzlos.
Der Verbannte, ohne Stütze und ohne Geld,
Wird von seinen Schriften wenig Lohn haben.

Die Revolution von 1918 stellte alle Verhältnisse in Deutschland auf den Kopf. (Nur die Schieber hatten in Fülle.) Unter dem „Verbannten" muss man den nach Holland geflüchteten Kaiser Wilhelm verstehen, der, um drohenden Geldkalamitäten zu entgegen, seine Memoiren einem amerikanischen Verlage verkaufte.

Nach dem Tode seiner Gemahlin entließ der Kaiser acht Personen seiner Dienerschaft, um sich einzuschränken.

Zenturie 9, 51.

Gegen die roten Sekten werden sich verbünden,
Feuer, Wasser und Eisen. Die Seile (der Nerven) *werden*
Allmählich durch den Frieden vernichtet. Die Maschinenbauer
Werden nicht sterben, oder die Welt müsste untergehen.

Zenturie 9, 66.

Friede und Einigkeit wird sein, aber verändert.
(Man kann auch übersetzen: „aber was für einer!")
Niedrige werden hoch stehen, die Hohen sehr niedrig.
Zivilprozesse und Debatten entstehen,
Reisen werden unternommen, der Krieg wird aufhören.

Die Schieberprozesse, die Prozesse gegen die angeblichen Kriegsverbrecher, usw. usw. sind bekannt.

Reisen werden unternommen – jawohl, manche Minister antichambrieren überhaupt nur noch.

Zenturie 10, 1.

Wenn der Feind Treue versprochen hat,
Wird man dem Feinde nicht treu sein.
Die Gefangenen werden zurückgehalten, ein Teil ermordet,
Der Rest muss arbeiten. Erzwungene Unterstützung.

„Wehe den Besiegten!" Diesen Ausspruch des Livius erleben wir noch alle Tage. Man kann jetzt im „Frieden" die Nerven verlieren.

Die unerhört lange Zurückhaltung der Kriegsgefangenen in Frankreich ist bekannt – und die Zurückgehaltenen werden die „liebevolle Behandlung" sicher nicht vergessen.

Zenturie 6, 24.

Mars konjugiert mit Jupiter im Krebs,
Dann ein grauenvoller Krieg (zu Ende).
Bald darauf wird ein neuer König gesalbt,
Der für lange Zeit Frieden geben wird.

Die Konjunktion zwischen Mars und Jupiter im Zeichen Krebs vollzog sich im September 1919. Erst in diesem Monat war der Krieg offiziell zu Ende, da die französische Kammer erst zu dieser Zeit den Friedensvertrag bestätigte.

Um die Zustände in Frankreich zu verstehen, bedarf es noch eines weiteren Verses.

Zenturie 1, 61.

Die Republik wird von der neuen Behörde
Elend, unglücklich, verwüstet und beraubt sein.
Der große Umfang der verderblichen Auswanderung
Wird Deutschland veranlassen, den großen Vertrag aufzuheben.

Mit diesem Vers stehen wir heute (1927) auf der Schwelle zwischen Gegenwart und Zukunft.

Frankreich hat also einen neuen König zu erwarten – wenn auch die politische Filmkomödie des Daudet in Paris im Ausland nur Heiterkeit erregt.

Zenturie 1, 14.

Slavenvolk macht dummes Geschwätz und fordert,
Während Fürsten und hohe Herren im Gefängnis sind,
Dass die Gesänge von Idioten ohne Köpfe
Als göttliche Offenbarungen aufgenommen werden.

Zenturie 8, 15.

Gegen Aquilon werden Leute mit groben Zügen große
Anstrengungen machen.
Ganz Europa und die halbe Welt werden beunruhigt.
Beide Eklipsen werden in Bewegung gesetzt.
Den Pannoniern wird Leben und Tod gestärkt werden.

Die Bedeutung vorstehender zwei Verse drängt sich jetzt mit unwiderstehlicher Gewalt auf – nur ein Blinder kann sich dagegen verschließen.

Das Slavenvolk ist Russland, welches unter dem bolschewistischen Regime Fürsten und Herren in die Gefängnisse setzt, foltert und tötet und verlangt, dass seine Ideen als die Ideale des allesbeglückenden Zukunftsstaates aufgenommen werden sollen.

In der Erkenntnis, dass Russland und Deutschland zusammengehören und beide Arm in Arm ihr Jahrhundert in die Schranken fordern können, bemüht sich die Moskauer Zentrale besonders um die Propaganda in Deutschland. Allerdings findet sie in den Zeitverhältnissen und Lebensumständen des machtlosen Deutschland auch den günstigsten Boden.

Eklipsen nennt man Sonnen- und Mondfinsternisse, die astrologisch als Bringer großen Unheils gelten. Wenn man also beide Eklipsen in Bewegung setzt, so werden alle Plagen hervorgerufen, die das Menschengeschlecht kennt.

Die Pannonier sind die Ungarn, die durch schwere Kämpfe zu einer gekräftigten Selbständigkeit erwachen. Sie waren auch die ersten, die sich des Bolschewismus tatkräftig entledigen konnten, während Bela Khun, der ehemalige Oberbolschewist in Ungarn 1927, in Moskau wegen tobsüchtiger Irrsinnsanfälle zwangsweise einem Sanatorium zugeführt werden musste. Wahrscheinlich melden sich die Gespenster seiner Opfer in seinem Hirn.

Zenturie 5, 26.

Das Slavenvolk wird durch eine Weltkriegsstunde
Zu großer Macht gehoben werden.
Hoch kommt ein Mann aus der Provinz,
Wenn Truppen das Meer überschreiten.

Hier wollen wir mit der Deutung den Ereignissen mit Absicht nicht vorgreifen, um den Gang der Entwicklung naheliegender Dinge nicht zu stören.

Zenturie 3, 76.

In Deutschland werden verschiedene Sekten entstehn,
Die sich dem glücklichen Heidentum nähern.
Zu der Zeit wird der bedrängte Staat
Die Steuerlast bis auf den Zehnten bringen.

Die Gemeinschaften, welche sich dem glücklicheren Heidentum nähern, bestehen zum Teil und andere sind in Bildung begriffen …

Über die Höhe der Steuer bedarf es keiner Worte, denn in bezug auf steuerliche Pflichten kann jedermann seine „Staatsbürgerrechte“ bis auf die Neige auskosten. Wir ersuchen, sich diesem Genuss recht ergiebig hinzugeben, da sich allerlei Verhältnisse in der Weltgeschichte bald ändern dürften.

Zu diesem Thema schrieben wir bereits im November 1919: „Wie schlecht und stümperhaft früher alles war, sieht man schon daran, dass von 22 deutschen Fürsten allein 11 notwendig waren, um 41 Millionen Mark zu verbrauchen, die ihnen als Zivilliste oder Apanage jährlich gezahlt wurden. Jetzt las man von 10 Milliarden Mark Verbrauch in drei Monaten. Das ist doch wenigstens ein Umsatz, der sich lohnt.“

Zenturie 10, 67.

Im Monat Mai wird sich das starke Erdbeben ereignen.
Saturn im Steinbock, Jupiter und Merkur im Stier, Mars im Krebs.
In diesem Jahr wird auch Hagel fallen,
Größer als ein Ei.

Diese Konstellation ereignete sich bereits schon einmal im Jahre 1549 und brachte die angegebenen Plagen mit sich. Eine Wiederholung dieser Gestirnkonstellation ist im Mai 1929 zu erwarten. Leider ist der Ort dieses Hagelschlages auch nicht annähernd angegeben.

Als ich vor einiger Zeit einen Vortrag über die Prophezeiungen des Nostradamus hielt und auf die Erklärung dieses Verses zu sprechen kam, der uns für Anfang 1929 einen Hagelschlag in der Größe von Hühnereiern in Aussicht stellt, da mag vielleicht doch so mancher gedacht haben: „Heute spinnt der Vortragende aber bedenklich" – wenigstens hatte ich diese Gedankenströme meiner Zuhörer im Gefühl. Den Zweiflern möchte ich eine Zeitungsnotiz vor Augen halten. Der „Berliner Lokalanzeiger" schreibt unter dem 21.7.27: „Hagelsturm in Kanada. Calgary, 20. Juli. Gestern Abend wurde die Gegend von Cochrane von einem furchtbaren Hagelsturm heimgesucht. Die Hagelstücke sollen so groß wie Tennisbälle gewesen sein. Die Dächer der Häuser und der geschlossenen Kraftwagen wurden durchschlagen, die Telefondrähte zerrissen. Die Hagelkörner bildeten auf den Straßenrändern Haufen von sechzig Zentimeter Dicke. Glücklicherweise wütete der Sturm nur über einem verhältnismäßig kleinen Gebiet."

Nicht wahr, da erstirbt das überhebliche Lächeln auf den spöttischen Lippen ...!

Voranmeldung für die Katastrophen des Jahres 1929 meldet die Tagespresse am 30. April 1928: „Durch Hagelsturm ein Odenwalddorf völlig zerstört, Hagel in Faustgröße." Weiter am 2. Mai wird gemeldet: „Sechs Kinder durch Hagelschlag getötet, zehn Erwachsene verletzt in Siebenbürgen."

Somit kann man sich entsprechend für Mai 1929 einrichten.

Die jetzt vereinigten Völker der Entente sind so grundverschieden, dass man eher Feuer und Wasser zusammenbringen könnte, als diese auf die Dauer zusammenzuhalten. Jedes Volk hat so ausgesprochene Sonderinteressen, die auch zum Teil rücksichtslos geäußert werden, dass der Zusammenschluss offenbare Heuchelei ist. Die höchste Blüte dieser Politik ist der Völkerbund.

Zenturie 6, 20.

Die geheuchelte Union wird nicht von langer Dauer sein,
Die Meisten haben sich reformiert und verändert
Auf den Schiffen wird ein hartnäckiges Volk sitzen,
Dann wird in Rom ein neuer Leopard sein.

Ein Leopard ist kein Löwe (Herrscher, Fürst), sondern nur ein Löwenähnlicher, ein Diktator! Siehe Mussolini!

Zenturie 1, 47.

Die Gerüchte vom Genfer See werden mutlos machen.
Es zieht sich Tage, Wochen, Monate und Jahre hin,
Dann wird alles plötzlich fallen,
Die Staaten verdammen die leeren Gesetze.

Die Gerüchte vom Genfer See sind die Beschlüsse des Völkerbundes, der in Genf tagt. Jahrelang wird die Komödie dauern, obwohl der Zusammenbruch fast täglich erwartet wird, wie die Aufzählung der immer länger werdenden Zeitmaße andeutet. Dann stürzt alles in schneller Folge.

Von besonderem Interesse wird auch Englands Schicksal für den Leser sein. Die diesbezüglichen Aussagen haben Pseudopropheten zusammengewürfelt und, um ihrem Publikum zu gefallen, die Ereignisse ferner Zukunft schon für die nächste Zeit angezeigt. Wir wollen nun dieses Problem nüchtern betrachten und uns an die Zusammenhänge halten.

Zenturie 2, 100.

Auf den Inseln wird ein schrecklicher Tumult sein,
Obwohl man im Auslande nur von einem bewaffneten Streit hört
So groß wird der Aufstand der Plünderer sein,
Dass man sich in großer Schlachtlinie gegen sie aufstellt.

Da wir in Europa einen großen Vorrat an Zersetzungsfermenten haben, England aber vorsichtig genug ist, seine schmutzige Wäsche vor den Augen des Auslands zu verbergen, so ermöglicht dieser Vers recht weitgehende Spekulationen.

Zenturie 3, 57.

Nach einem Blutvergießen wird sich das Britenvolk
In 290 Jahren sieben Mal verändern.
Keine Stütze von Frankreich, sondern von Deutschland.
Der Widder irrt sich am polnischen Bastard.

England hat zwar wiederholt unschuldig Blut vergossen, aber sich nur einmal mit dem Blut seines Fürsten befleckt. Karl I. wurde am 31. Januar 1649 enthauptet.

Welches waren nun die Veränderungen der englischen Inseln?

1649: England wird Republik unter Oliver Cromwell.
1660: Karl II. wird englischer König.
1685: Aufstände wegen des Versuchs, die katholische Kirche wieder zwangsweise in England einzuführen durch Jakob II.
1689: Jakob wird entthront, Wilhelm III. von Oranien wird König.

1711: Große wirtschaftliche Krise unter Königin Anna.

1714: Georg I. von Hannover wird englischer König, somit England von Deutschland gestützt.

Das sind sechs Daten mit grundlegenden Veränderungen. Von 1649 weitere 290 Jahre hinzugezählt, führt zu dem Jahr 1939. Das erwartete Strafgericht Gottes gegen England ist also vor 1939 nicht zu errechnen.

Zuerst erfolgen also innere Wirren und Kämpfe, auch kleinere Kolonialaufstände und langsames Abbröckeln einzelner Kolonien und Dominiums (das Südafrikanische Dominium hat sich z. B. schon eine eigene Flagge zugelegt, als Zeichen seiner Selbständigkeit), dann folgt ein Krieg.

Zenturie 10, 100.

Das große Reich ist England.
Seine Allmacht dauert mehr als 300 Jahre,
Dann durchziehen Truppen das Land.
Die Lusitanier werden unzufrieden sein.

Zenturie 2, 83.

Der umfangreiche Handelsverkehr eines großen Löwen
Wird auf den Kreis alter Zeiten zurückgeführt.
Es wird eine Beute der Soldaten durch Plünderung,
Infolge eines Eides und Deutschlands Verstimmung.

Zenturie 2, 78.

Der große Neptun aus der Tiefe des Meeres
Hat punisches Volk mit gallischem Blut gemischt.
Die Inseln in Blut wegen langsamer Fahrt,
Die geheime Absicht ist schlecht verborgen.

„Die Welt wird rapide englisch" hat einmal ein berühmter Engländer gesagt. Das ist die schlecht verborgene Absicht. Die Punier gelten bei Nostradamus als die treulose, verräterische Nation oder als Menschenfeinde, evtl. als Türken und Heiden. Vielleicht meint Nostradamus gar nicht gallisches Blut, d. h. Blut des gallischen Stammes, sondern Galle im Blut? Das könnte man so aufnehmen, als ob sich's die Engländer allenthalben verderben.

Dieser großen Machteinschränkung durch den ersten Krieg folgt später eine weitere kriegerische Katastrophe, die jedoch noch nicht an diese Stelle gehört.

In den nächsten Jahren hätte Deutschland ein starkes politisches Interesse daran, sich mit England günstig zu stellen, denn die weiteren Ereignisse vollziehen sich nicht so schnell, als wir Menschen vielleicht wünschen.

Zenturie 5, 51.

Die Völker von England, Dacien, Polen und Böhmen
Werden eine neue Liga bilden,
Um aus den Säulen des Herkules herauszukommen.
Man wird in Barcin und Tyrrenien Umtriebe machen.

Das ist die kleine Entente unter Englands Führung, die sich jetzt vor unseren Augen entwickelt. Die Säulen des Herkules sind in Wirklichkeit die beiden Felsen an der Straße von Gibraltar, in Spanien und Afrika. In diesem Falle dürften zwei andere Säulen gemeint sein, denn um in Spanien Kriege zu veranstalten, engagiert sich England nicht ausgerechnet östliche Landvölker ohne Flotte. Wir werden unter den Säulen des Herkules notgedrungen zwei starke Staaten gefürchteter Macht suchen müssen, welche sich in der Nähe von Polen, Böhmen und Rumänien befinden. Kurz gesagt: Die kleine Entente hat ihre Spitze gegen Deutschland und Russland, aber „der Widder irrt sich am polnischen Bastard."

Zenturie 6, 77.

Durch den Sieg des betrogenen Betrügers
Folgt die deutsche Revolution, zwei einen sich.
Der Chef ist ermordet, sein Sohn ist gefangen.
In Italien gibt es hitzige Verfolgungen.

Wir tanzen auf einem Vesuv, die äußere Ruhe ist nur Schein und die Ereignisse werden mit Vehemenz hereinbrechen. Und das geschieht in naher Zeit.

Umsturz – Monarchie – Fürstenmord – Bürgerkrieg. Doch lassen wir einen Propheten den anderen erklären.

Heinrich Heine schreibt im Jahre 1834 in seinem „l'Allemagne":

„Lasst euch nicht bange machen, ihr deutschen Republikaner; die deutsche Revolution wird darum nicht milder und sanfter ausfallen, weil ihr die Kantsche Kritik, der Fichtesche Transzendentalidealismus und gar die Naturphilosophie vorausging. Durch diese Doktrinen haben sich revolutionäre Kräfte entwickelt, die nur des Tages harren, wo sie hervorbrechen und die Welt mit Entsetzen und Bewunderung erfüllen können. Es werden Kantianer zum Vorschein kommen, die auch in der Erscheinungswelt von keiner Pietät etwas wissen wollen und erbarmungslos mit Schwert und

Beil den Boden unseres europäischen Lebens durchwühlen, um auch die letzte Wurzel der Vergangenheit auszurotten. Es werden bewaffnete Fichteaner auf den Schauplatz treten, die in ihrem Willens-Fanatismus weder durch Furcht noch durch Eigennutz zu bändigen sind; denn sie leben im Geist, sie trotzen der Materie, gleich den ersten Christen, die man ebenfalls weder durch leibliche Qualen noch durch leibliche Genüsse bezwingen konnte, ja solche Transzendentalidealisten wären bei einer gesellschaftlichen Umwälzung sogar noch unbeugsamer als die ersten Christen, da diese die irdische Marter ertrugen, um dadurch zur himmlischen Seligkeit zu gelangen, der Transzendentalidealist aber die Marter selbst für eitel Schein hält und unerreichbar ist in der Verschanzung des eignen Gedankens.

Die alten steinernen Götter erheben sich dann aus dem verschollenen Schutt und reiben sich den tausendjährigen Staub aus den Augen, und Thor mit dem Riesenhammer springt endlich empor und zerschlägt die gotischen Dome …

Wenn ihr dann das Gepolter und Geklirr hört, hütet euch, ihr Nachbarskinder, ihr Franzosen, und mischt euch nicht in die Geschäfte, die wir zu Hause in Deutschland vollbringen. Es könnte euch schlecht bekommen. Hütet euch, das Feuer anzufachen, hütet euch, es zu löschen. Ihr könntet euch leicht an den Flammen die Finger verbrennen. Lächelt nicht über meinen Rat, über den Rat eines Träumers, der euch vor Kantianern, Fichteanern und Naturphilosophen warnt. Lächelt nicht über den Phantasten, der im Reiche der Erscheinungen dieselbe Revolution erwartet, die im Gebiete des Geistes stattgefunden hat. Der Gedanke geht der Tat voraus, wie der Blitz dem Donner. Der deutsche Donner ist freilich auch ein Deutscher und ist nicht sehr gelenkig, und kommt langsam herangerollt; aber kommen wird er, und wenn ihr es einst krachen hört, wie es noch niemals in der Weltgeschichte gekracht hat, so wisst: Der deutsche Donner hat endlich sein Ziel erreicht. Bei diesem Geräusche werden die Adler aus der Luft tot niederfallen und die Löwen in der fernsten Wüste Afrikas werden die Schwänze einkneifen und sich in ihre königlichen Höhlen verkriechen. Es wird ein Stück aufgeführt in Deutschland, wogegen die französische Revolution nur wie eine harmlose Idylle erscheinen möchte.

Jetzt ist es freilich ziemlich still; und gebärdet sich auch dort der Eine oder Andere etwas lebhaft, so glaubt nur nicht, diese würden einst als wirkliche Akteure auftreten. Es sind die kleinen Hunde, die in der leeren Arena umherlaufen und einander anbellen und beißen, ehe die Stunde erscheint, wo dort die Schar der Gladiatoren anlangt, die auf Tod und Leben kämpfen sollen.

Und die Stunde wird kommen. Wie auf den Stufen eines Amphitheaters werden die Völker sich um Deutschland herumgruppieren, um die großen Kampfspiele zu betrachten. Ich rate euch, ihr Franzosen, verhaltet euch alsdann sehr stille, und beileibe!, hütet euch, zu applaudieren. Wir könnten dies sehr leicht missverstehen und euch in unserer unhöflichen Art etwas barsch zur Ruhe verweisen; denn wenn wir früherhin, in unserem servil verdrossenen Zustande, euch manchmal überwältigen konnten, so vermöchten wir es noch weit eher im Übermute unseres jungen Freiheitsrausches. Ihr wisst ja selber, was man in einem solchen Zustande vermag, und ihr seid nicht mehr in einem solchen Zustande. Nehmt euch in Acht! Ich meine es gut mit euch, und deshalb sage ich euch die bittere Wahrheit. Ihr habt von dem befreiten Deutschland mehr zu fürchten, als von der ganzen heiligen Allianz (jetzt Völkerbund?) mitsamt allen Kroaten und Kosaken.

Einst im Bierkeller zu Göttingen äußerte ein junger Altdeutscher, dass man Rache an den Franzosen nehmen müsste für Konradin von Staufen, den sie zu Neapel geköpft. Ihr habt das gewiss längst vergessen. Wir aber vergessen nichts. Ihr seht, wenn wir mal Lust bekommen, mit euch anzubinden, so wird es uns an triftigen Gründen nicht fehlen. Jedenfalls rate ich euch daher, auf eurer Hut zu sein.

Es mag in Deutschland vorgehen was da wolle, es mag der *Kronprinz von Preußen oder der Doktor Wirth* zur Herrschaft gelangen."

Also sprach Heinrich Heine!

Zweiter Teil

Der gegenwärtige Übergang und die weitere Zukunft.

Infolge der beabsichtigten Unklarheit in den Zeitangaben der Zenturien des Nostradamus ist allein aus den Quatrains eine fortlaufende Chronik der Ereignisse nicht möglich. Um dennoch dem geneigten Leser einen verlässlichen Führer durch die Nöte der Gegenwart, durch die Kämpfe der kommenden Tage und einen weiten Einblick in die Wege der Weltregierung der nächsten Jahrhunderte und des endlichen Menschheitszieles zu geben, haben wir keine Mühe und Arbeit gescheut.

Mit einem durch jahrelange Arbeit in dieser Materie ständig gewachsenen intuitiven Gefühl haben wir aus den Versen und Prosaschriften des Sehers in langer Vergleichsarbeit einige Richtungsweiser entdeckt, nach welchen wir unter Berücksichtigung historionomischer Analogien in der Art der Stromer von Reichenbachschen Studien eine weitere größere Anzahl der Quatrains zu deuten in der angenehmen Lage waren.

Gleichzeitig haben uns neue Methoden zur Errechnung späterer Gestirnstellung wertvolle Unterstützung zuteil werden lassen, da Nostradamus die Gestirnstellungen zur Ereigniszeit als Zeitangabe seinen Versen manchmal beigegeben hat. Um aber ganz sicher zu gehen, haben wir außerdem die mundanen Horoskope der wichtigsten Staaten berechnet, um aus den Direktionen derselben wichtige Unterstützungen und Bestätigungen zu entnehmen.

In den hiermit gegebenen Zukunftsaussagen werden also keine phantasiebeschwingten und sensationslustigen Träumereien gegeben, sondern die bestimmten Aussagen des durch seine Vergangenheitsprophezeiungen beglaubigten Sehers Nostradamus werden durch alle menschenmöglichen, logischen Methoden entwirrt und dem Leser nach bestem Wissen und Gewissen zur Kenntnisnahme vorgelegt.

Zenturie 3, 67.

Eine neue philosophische Richtung wird entstehen,
Die Gold, Ehren und Reichtümer sowie den Tod verachten.
Sie werden über die deutschen Berge hinausgehen,
Unterstützung, Druckmittel und Gefolge weithin finden.

Das ist eine Anlehnung an den Vers, nach welchem Sekten gebildet werden, welche sich dem glücklichen Heidentum nähern. Diese philosophische Richtung hat natürlich bestimmte Ziele und sie werden sich soweit entwickeln, bis sie in die Weltpolitik eingreifen können.

Zenturie 9, 90.

Ein Kapitän von Großdeutschland wird
Dem König der Könige Hilfe heucheln,
Und so den Pannoniern, wirklich Hilfe bringen.
Der Aufstand verursacht großes Blutvergießen.

Das Ereignis steht vor der Tür. Zu einem Aufstand werden die Deutschen Hilfsvölker senden (vielleicht inoffiziell), um ein gewisses Ziel zu erreichen.

Da zuviel davon abhängt, dass die Vorbereitungen nicht gestört werden, ist es unmöglich, schon jetzt genau auf die Ereignisse einzugehen. Es liegen in dem Vers einige bewusste Verschleierungen.

Über die Erscheinung eines neuen Weltlehrers sind sich weite Kreise einig, wenn auch die Nebenumstände verschiedenen Ansichten unterliegen. Fest steht jedenfalls, dass nach Ablauf gewisser Epochen immer eine solche besondere Persönlichkeit auf dem Plan erschien – und ein solcher Zeitlauf ist vollendet, die Zeit ist reif.

Damit ist natürlich nicht gesagt, dass mit ihm der letzte Weltlehrer erscheinen wird. Im Gegenteil, die Mohammedaner erwarten in recht kurzer Zeit (weltgeschichtlich gerechnet) ebenfalls eine Neubelebung ihres Glaubens durch einen besonderen Gesandten und Nostradamus gibt später genauere Einzelheiten darüber. Weiter erscheint am Ende seiner Prophezeiungen ebenfalls ein Gottgesandter.

Zenturie 10, 75.

Der so sehr Erwartete wird nicht in Europa,
Sondern in Asien erscheinen, einer vom Bunde
Des großen Hermes. Über alle Könige
Des Orients wird er hinausragen.

Zenturie 4, 31.

Der neue Weise wird bei Vollmond geboren.
Er ist mit hohen Kräften ausgestattet
Wer seine Sonnenaugen sieht, rühmt ihn,
Von seinen Händen gehen wunderbare Kräfte aus.

Soweit vorläufig das Zeugnis von dem kommenden Weltlehrer.

Zenturie 10, 32.

Jeder im Reiche wird einem Verbande angehören.
Einer wird über die Anderen hinweg das Reich erlangen,
Doch nur kurze Zeit wird seine Herrschaft dauern.
Er wird sich nur zwei Jahre halten können.

Das große Reich, in dem drei Menschen immer vier Vereine zu gründen für dringend notwendig halten, ist Deutschland. Hier aber handelt es sich um politische Verbände, mit einem bestimmten Kampfziel. Einer wird sich auch durch einen gelungenen Handstreich in den Besitz der Macht setzen, aber er wird sich nur zwei Jahre halten können. Nach historionomischen Vergleichen mit anderen Staaten wird dieses Ereignis einem bestimmten Großen den Kopf kosten.

Zenturie 4, 65.

Dem, der es für gut fand, auszureißen,
Wird, wenn er seinen Zufluchtsort verlassen hat,
Der Gegner eine Heldentat bereiten, dass der Kaiser
Stirbt. Sein Bluturteil wird ausgeführt.

Zenturie 10, 26.

Der Nachfolger wird den Schwager rächen,
Mit heftigen Rachgedanken übernimmt er das Reich.
Hat er die Rache vollendet, regiert er mit Milde.
England wird noch lange mit Frankreich vereint sein.

Die vorstehenden Verse betreffen nahe Zeiten. Nach zehn Jahren wird man offener darüber reden können.

Zenturie 10, 46.

Einem unwürdigen Leben folgt bald schnöder Tod,
In Sachsen wird es einen neuen Kurfürsten geben,

Von Braunschweig wird man nur Gutes sagen können,
Wenn man den neuen Aufrührer ausliefert.

Dieser Vers handelt von Begebenheiten in Deutschland, nachdem die baldigst erwartete Umbildung stattgefunden hat.

Zenturie 2, 99.

Die römische Kirche ist durch Gallien sehr bedrückt,
Wie der Augur zuvor verkündet hat,
Aber fürchte die Stunde, Gallien,
Wo du der nördlichen Flotte zuviel Rechte gabst.

Seit Napoleons Zeiten war die liebste Tochter der Kirche, nämlich Frankreich, ihr größtes Schmerzenskind. Immer wieder hat Frankreichs Staatsgewalt die Kirchengüter beschlagnahmt, ihre Rechte eingeengt und sie nach allen Kräften gedrückt, ja sogar die Trennung von Staat und Kirche war schon einmal eingeführt. Nachdem man im Weltkrieg die Kirche aber zur Segnung der Fahnen brauchte und sie zur Fanatisierung der Massen so schön benützen konnte, hat sie nun „ihre Schuldigkeit getan" und kann nun gehen. Der Abfall wird in kommender Zeit wieder offensichtlicher werden.

Dasselbe gilt auch dem römischen Staat, der „lateinischen Schwester" des Weltkrieges, die nun ebenfalls ziemlich achtlos von Frankreich behandelt wird.

Es bahnt sich dort drüben aber allerlei an, deshalb gilt auch die hauptsächlichste Angst des Nostradamus dem nördlichen Flottenreiche England, das sich ohne viel Worte seine Einflusssphäre auf Frankreich immens vergrößert hat.

Was sich in Deutschland und zwischen Frankreich und England anbahnt, werden wir aus nachstehenden Versen allzu bald erfahren.

Zenturie 10, 92.

Das Volk von Genua wird in Aufregung sein,
Wenn sein Chef in der Mitte wie ein Klotz liegt.
Vor den Augen des Vaters wird das Kind getötet,
Der Vater kommt in Stricke von Binsen.

Der Leopard von Italien ist früher schon angeführt. Es wird heute keinem Zweifel mehr unterliegen, dass Mussolini damit gemeint ist.

Zenturie 1, 6.

Das Auge von Ravenna wird abgesetzt,
Wenn zu seinen Füßen sich die Flügel neigen.
Die beiden von Bresse haben es beschlossen,
Turin, Versailles und die Gallier werden zertreten.

Das Auge von Ravenna ist zweifellos der König von Italien. Wenn in der Poebene die Zeichen der Unruhe sich mehren, beginnt der Strauß. Der Diktator fällt, der König und das Kind fällt. Der Vertrag von Versailles wird zertreten – mit Füßen getreten, die Franzosen werden machtlos dagegen sein.

Im Horoskop Mussolinis ist die kritische Zeit für 1930 angezeigt, doch besteht keine unbedingte Gewähr für die Richtigkeit der Geburtszeit, sodass dabei Irrtümer um ein Jahr usw. leicht unterlaufen. Im Horoskop Italiens dagegen drohen bereits für 1930 Attentate und politische Umwälzungen, für 1931 ist unbedingt Tod einer hohen führenden Persönlichkeit zu erwarten.

Zenturie 2, 1.

Über Aquitanien, die britischen Inseln
Und selbst über große Festlandsstriche
Gehen große Regen und Eismassen hernieder.
Der Zuider See dehnt sich noch mehr aus.

Zenturie 1, 22.

Unvernünftige Menschen sind wie Tiere,
Durch ständige Unruhen verfallen sie dem Tode.
In Autun, Langres, beiden Chalons, und Sens
Wird durch Hagel und Frost alles vernichtet.

Zenturie 1, 69.

Nach Frieden, Krieg, Hungersnot und Überflutung
Wird der große Berg mit sieben Stufen
In die Ferne rollen, mit großer Wucht stürzt er
In einen Abhang, neues Fundament entsteht.

Die europäische Erde beginnt sich zu schütteln über die Verworfenheit ihrer Völker. Frankreich, England, Holland, das nordwestliche Deutschland und Italien leiden durch große Regengüsse, Hagelschläge, Überschwemmungen und Erdbeben.

Die Siebenhügelstadt ist Rom, deren Grundfesten erschüttert werden.

Die Mundanhoroskope der in Frage kommenden Staaten zeigen diese Ereignisse von 1934 ab laufend, bald hier, bald dort.

Zenturie 1, 93.

Italien wird bei diesen Ereignissen zittern.
Löwe und Hahn, sonst nicht allzu sehr verbrüdert,
Werden sich angesichts dieser Not gegenseitig helfen.
Verschont bleiben nur Spanien und Keltenland.

Inzwischen haben sich die Gegensätze zwischen England und Frankreich bedenklich bemerkbar gemacht, denn sie sind „nicht allzu sehr verbrüdert".

Dennoch stehen sie sich im Kampf gegen die Elemente bei. Am meisten wird jedoch Italien zu fürchten haben, da es infolge der geographischen Lage seines Landes dem Meer bedeutend beängstigender ausgesetzt ist, als der große Kontinent des Festlands.

Zenturie 1, 91.

Die Götter werden sich den Menschen zeigen
Und Urheber allerlei Unheils werden.
Am Himmel stehen Sichel, Schwert und Lanze.
Im Osten wird noch größere Trübsal herrschen.

Man wird die Zeit eine große göttliche Heimsuchung nennen, da überall in Europa Unwetterkatastrophen und Volksunruhen vorkommen. Am schlimmsten wird es allerdings in Russland gären, da die notwendigen und beabsichtigten Reformen und Verbesserungen nur mangelhaft von der neuen Regierung durchgeführt worden sind.

Zenturie 10, 86.

Wie ein Greif wird der König von Europa kommen,
Begleitet von zwei Nordvölkern als Heerbann.

Rote und Weiße wird er in großer Schar heranführen,
Um gegen den König von Babylon zu marschieren.

Der Greif ist ein sagenhafter Vogel mit vier Füßen, d. h. mit ganz ungewöhnlicher Macht werden zwei Völker aus dem Norden gegen Frankreich ziehen. Babylon ist die verderbte Hauptstadt Paris. Rote und Weiße bedeutet, dass in dem Zorn gegen Frankreich sich die politischen Gegner zusammenfinden werden.

Zenturie 3, 8.

Die Cimbern werden sich mit ihren Nachbarn verbünden
Und Frankreich bis nach Spanien verwüsten.
Menschenmengen von Limosin und Guyenne verbünden sich,
Um sich gegen diesen Ansturm beizustehen.

Die Cimbern waren ein alter deutscher Stamm. Es werden sich also die Deutschen mit einem nichtdeutschen nördlichen Volk verbünden, um gegen Frankreich zu ziehen.

Viele Ausdeuter haben Italien als das Bundesvolk angenommen, was jedoch erst für einen späteren Krieg eintrifft.

Zenturie 1, 87.

Wenn durch Erderschütterung Feuer ausbricht,
Wird die neue große Stadt heftig erzittern.
Zwei Felsen werden Frankreich gewaltig bekriegen,
Dann wird Arethusa einen neuen Fluss rot färben.

Die beiden Felsen waren früher schon einmal erwähnt und als Deutschland und Russland festgestellt. Somit haben wir den Verbündeten Deutschlands gefunden. Keine Festung und kein Fluss kann den Vormarsch der Angreifer aufhalten.

Zenturie 2, 18.

Es gehen plötzlich ungestüme Regengüsse nieder,
Wodurch zwei Heere am Kampf verhindert sind.
Feuer und Steine fallen vom Himmel,
Zu Wasser und zu Lande sterben die Menschen davon.

Die Kräfte des Himmels bewegen sich, Meteore fallen in großer Zahl vom Himmel – wahrscheinlich wird die Erde in eine ähnliche Atmosphäre wie 1833 kommen (Sternschnuppenflut der Leoniden), wo an einem Ort in neun Stunden 240 000 Meteore geschätzt wurden. (Professor Schiaparelli.)

Zenturie 9, 55.

Der schreckliche Krieg, der sich im Westen entwickelt,
Zieht in den folgenden Jahren eine Pestilenz nach sich.
Jung und alt, Mensch und Vieh wird ihr unterliegen.
Blut, Feuer in Frankreich, Merkur, Mars, Jupiter in Konjunktion.

Zenturie 1, 20.

Tours, Orleans, Blois, Angres, Reims und Nantes
Werden durch plötzliche Überfälle erschreckt.
Fremdsprachliche schlagen große Heerlager auf,
Regierung, Land und Meer erzittert.

Zenturie 3, 93.

Weil alles in Paris zerstört ist,
Wird die Regierung nach Avignon übersiedeln.
Die Tricaster haben einen hannibalischen Zorn,
Lyon ist durch den Wechsel schlecht getröstet.

Dieser Vers deutet auf die völlige Zerstörung von Paris, deren Wiederholung der Prophet voraussieht und beklagt.

Zenturie 1, 8.

Wie oft, o heilige Sonnenstadt, wirst du erobert,
Wie oft wirst du barbarischen Gesetzen unterworfen sein?
Dein Unheil naht, Tributpflichtiger wirst du sein,
Der große Adrian wird deine Adern nochmals aufdecken.

Zenturie 5, 45.

Das große Reich wird ganz trostlos sein
Und nahe bis an den Ardennerwald verlegt werden.
Der Ältere der beiden Bastarde ist enthauptet,
Herrschen wird Aenobarbe mit der Möwennase.

Zenturie 10, 51.

Zwei tiefer als Lothringen gelegene Landesteile
Werden mit den deutschen Abhängen vereinigt.
Dann werden Lüttich, die Picardie, Normandie und Main
Als besondere Kantone Deutschland einverleibt.

Zenturie 5, 94.

Brabant, Flandern, Gent, Brügge und Boulogne
Werden mit dem großen Deutschland vereinigt.
Wenn der Waffenkampf beendet ist,
Wird der große Fürst von Armenien Kampf ansagen.

Zenturie 6, 16.

Die Normandie und Picardie sind losgerissen,
In Frankreich herrscht die junge Gabelweihe,
Die Könige des Tempels nehmen Herberge im Schwarzwald.
In der Lombardei wird ein Feuer angeschürt.

Nach den großen Kämpfen mit den Cimbern und ihren Nachbarn ist Frankreich ganz zerrissen und trostlos. Die Familie des Königs ist verjagt, eine wichtige männliche Person enthauptet. Zum Exil wird ein Ort im Schwarzwald gewählt. Auf den französischen Thron kommt später Aenobarbe, der Broncebart, der auf große Taten sinnt.

Zenturie 3, 44.

Wenn ein Tier, des Menschen bester Freund,
Nach vielen Mühen und vergeblichen Sprüngen
Zu sprechen anfängt, wird der elektrische Blitz
Eine Jungfrau weit in die Luft schleudern.

Dieser Vers ist den Nostradamusdeutern immer ein Stein des Anstoßes gewesen, weil sie sich nicht genügend mit der Tierpsyche befasst haben – aber man kann schließlich auch nicht alles tun.

Der Hund, des Menschen bester Freund aus dem Tierreich, besitzt in seinen Augen und dem Mienenspiel des Gesichts eine enorme Ausdrucksfähigkeit in der ganzen Skala der Empfindungen. „Ihm fehlt nur die Sprache." Warum sollte die Entwicklung des Hundes, der ein so gelehriger Schüler des Menschen ist, ihm nicht endlich gestatten, sinngemäße Laute als Ausdruck seines Willens zu formen.

Den Fortschritt der Erfindungen bezeichnet auch der zweite Teil des Verses. Nostradamus wusste noch nichts von der gebändigten Elektrizität und musste darum vom Blitz sprechen. Vielleicht gelingt einer Dame die Atomzertrümmerung, wenn auch mit der unbeabsichtigten Nebenwirkung, dass sie selbst dabei von der freiwerdenden Kraft in den Weltraum geschleudert wird.

Zenturie 10, 72.

Im siebenten Monat des Jahres 1999 wird vom
Himmel
Ein großer Schreckenskönig kommen, um den König
Von Angouleme wieder zu erwecken.
Nach wie vor beherrscht Mars die Stunde.

Zenturie 1, 51.

Wenn der Herr des Widders Chef der Zeitperiode ist,
(Mars)
Und Jupiter und Saturn in Konjunktion stehen,
Wird die Gottesanbetung eine Neugestaltung erleben.
Nach langem Zyklus böse Zeiten für Gallien und
Italien.

In diesem Vers beweist Nostradamus, dass seine Gesichte und Prophezeiungen auf höherer Eingebung basieren und in kosmischen Vorgängen begründet sind.

Der erste Marszyklus, d. h. vor Nostradamus fiel in die Zeit von 1504-1540, und mit dieser Zeit verlief die Reformation, welche den Mars in besondere Tätigkeit versetzte. Besonders auffällig waren die Hugenottenkriege und Protestantenverfolgungen in Frankreich, später der sogenannte 30-jährige Krieg in Deutschland.

Der nächste Abschnitt unter der Herrschaft des Mars war die Zeit von 1756-1792. Hier setzte der Verfall und die Sittenlosigkeit, Volksaussaugung und Bedrückung ein, die dann zu der großen französischen Revolution führte. Die völlige Abschaffung des Christentums und nachfolgend die Periode des wissenschaftlichen Atheismus war wiederum eine Veränderung der Religionsanschauungen. Hier betätigte sich Mars in seiner Eigenschaft als Kriegsgott und Massenmörder in den Revolutionskriegen und später in dem europäischen Kriegslager unter Napoleon. Den Ausklang seiner Wirkungen fand Mars in den anschließenden alleuropäischen Revolutionen und Revolutiönchen bis in die Zeit von 1848 hinein. Es bedarf beider nachfolgenden Herrschaftsperioden von Sonne und Mond, um die durch Mars aufgepeitschten Gemüter wieder zu beruhigen.

Für die genannte Zeit von 2008–2040 stehen also wieder ähnliche Ereignisse bevor, welche sich dann hauptsächlich in Frankreich und Italien abspielen werden.

Zenturie 5, 74, 75, 76.

Aus trojanischem Blut wird ein deutsches Herz geboren,
Das zu hoher Macht gelangt,
Das arabische Volk wird er hinausjagen

Und die Kirche zum früheren Vorrang erheben.
Er wird aufsteigen zu dem Gute zu seiner Rechten
Und sitzen bleiben auf dem Eckstein zur Linken,
Wenn man das Gesicht nach Süden richtet.
Den gewundenen Stab in der Hand, den Mund geschlossen.
An freiem Orte wird er sein Zelt aufschlagen
Und nicht in den Städten Platz nehmen wollen.
Aix, Carp., Völkerstadt, Cavillon fliehen,
An allen Orten wird er die festen Orte abschaffen. (Keine Schlösser halten.)

Ein deutsches Herz aus römischem Blut ist ein Rebus! Erst die Öffnung so mancher Geheimarchive konnte hier eine Erklärung geben. Der König von Angouleme ist ein Spross aus dem rechtmäßigen Königshause Frankreichs, der Bourbonen oder Orleans. Angeblich sind die Bourbonen mit Ludwig XVII. (als Lehrling bei dem Schuster Simon in der französischen Revolution) ausgestorben. Die Kirchenarchive berichten aber ganz anders – und schon Papst Pius IX. soll sich einigen Kardinälen gegenüber ausgelassen haben, dass ein Enkel Ludwigs XVII. einmal die Krone Frankreichs haben solle.

Auch Nostradamus lässt die Möglichkeit seiner Rettung in Zenturie 3, 16 durchaus offen: Der Prinz geht einem gnädigen Geschick entgegen.

Da auf dem Pariser Friedhof St. Marguerite seine Gebeine liegen sollen, hat ein Advokat Georges Laguerre im Mai 1894 Nachforschungen anstellen lassen. Man fand auch ein Grab mit der Bezeichnung: „Ci git Louis XVII.", aber die anatomische Untersuchung zeigte das Skelett eines Jünglings von mindestens 18–20 Jahren, welches Alter der Dauphin längst nicht erreicht haben sollte.

Die Amme des Dauphin, Frau von Rambaud, achtzehn alte Bediente des Königs und die Herren von Joly, von Brémont und von Roche-Aymont haben dagegen seine glückliche Flucht nach Rom eidlich erhärtet. Der Kronprinz soll später unter dem Namen Nauendorf in Holland verheiratet gewesen sein und sechs Kinder gehabt haben.

Auch die Herzogin von Angouleme, seine Schwester, konnte die Leiche nicht anerkennen und General Cathelineau bekannte 1883, dass er sicher an die Flucht Ludwigs XVII. glaube. Auch die katholische Kirche ließ kein Requiem für ihn zu – und die kirchliche Obrigkeit ist in solchen Fällen sehr gut orientiert …

So löst sich das Rätsel des zukünftigen französischen Königs aus römischem Blut (römischem Schutz) und deutschen Herzens (deutschen Namens). Es existiert im Französischen darüber eine große und ziemlich einwandfreie Literatur.

Zenturie 8, 38.

Der König von Blois regiert in Avignon.
Da das Volk zum zweiten Male revoltiert,
Läßt er an der Rhone die Aufrührer an die Mauer
Stellen. An fünf Orten muss dies geschehen.

Nachdem Heinrich den Thron eingenommen hat, muss er sich erst bei seinem eigenen Volke durchsetzen. An fünf Stellen lässt er durch Standgerichte Blutbäder anrichten.

Zenturie 2, 38.

Die vorletzte Silbe des Namens des Propheten
Wird Diana als ihren Ruhetag nehmen.
Weithin wird er wild umherschweifen
Und ein großes Volk von Lasten befreien.

Die vorletzte Silbe des Namens des Propheten Mohammed beginnt mit einem „H". Das deutet auf König Heinrich den Glücklichen, der im Juli 1999 geboren wird. Diana ist die Göttin der Jagd, sodass man von ihm nicht Verschwendung und prunkhafte Hoffeste, sondern einfache Jagdfeste als seine Erholung erwarten wird. Die Steuern werden von ihm weitgehendst ermäßigt.

Zenturie 2, 5.

In einem Fisch werden Briefe und Waffen eingeschlossen.
Der später den großen Krieg führt, fährt darin hinaus.
Nach sehr gut verlaufener Probefahrt,
Wird die Flotte an der lateinischen Küste landen.

Frühzeitig hat König Heinrich eingesehen, woher seinem Reiche die größte Gefahr droht und dass allein durch die Waffe des Unterseeboots dieser Gegner zu besiegen ist. Es ist darum sein größtes Bestreben, sich eine tüchtige Unterseebootflotte zu schaffen.

Zenturie 2, 22.

Das unsichtbare Heerlager wird von Europa verschwinden
Und sich untergetaucht bei der Insel vereinigen.
Die schwache Flotte wird sich zurückziehen,
Der Nabel der Welt wird an einen anderen Ort verlegt

Zenturie 2, 59.

Die gallische Flotte rettet sich durch gute Wache.
Der große Neptun und seine Dreizacksoldaten

Brandschatzen die Provinz zur Truppenernährung.
Der Krieg ist bis Narbonne ausgedehnt.

Zenturie 1, 29.

Wenn der Land- und Wasserfisch von kräftiger Woge
An das Land geschleudert wird,
Dann werden die Feinde vom Meer
Bald an die Mauern der Stadt gelangen.

Zenturie 6, 43.

Lange Zeit wird nicht bewohnt werden
Die Gegend zwischen Seine und Marne.
Die Scharen von der Themse bringen Kriegssturm
Über die fränkische Garde, die sich sicher glaubte.

Das ist der große Angriffskrieg Englands gegen Frankreich. Zuerst wird England seine gesamte Landmacht auf den Kontinent werfen und im ersten Ansturm auch siegen.

Zenturie 10, 98.

Die Lichtstadt der fröhlichen Jungfrau
Wird nicht mehr leuchten und großen Mangel haben.

Von Krämern, Wölfen und Kupplern ist sie angefüllt,
Die sie schänden, ausrauben und vernichten.

Paris gilt schon heute als die Lichtstadt der lustigen Marianne Frankreich. Sie wird durch die Besetzung der Engländer ausgeraubt und geschändet werden, bis sie dem Verfall nahe ist.

Zenturie 1, 99.

Der große Monarch verbündet sich
Mit zwei befreundeten Königen.
Das Bündnis wird beim Feind großes Erstaunen hervorrufen.
Der Krieg ist bis in die Umgebung von Narbonne gerückt

Zenturie 8, 9.

Während Hahn und Adler in Savona vereinigt sind,
Stehen die Flotten der Levantiner und Ungarn
Vor Neapel, Palermo und Ankona.
Rom und Venedig werden durch Barbadira erschreckt.

Die beiden vereinigten Königreiche mit Frankreich sind Spanien und Deutschland. Der deutsche Bund mit König Heinrich scheint selbst Nostradamus etwas ungeheuerlich vorzukommen, da die Deutschen ja kurz vordem in Frankreich alles kurz und klein geschlagen und große Landstrecken annektiert haben. Darum wählt er wahrscheinlich auch die Umschreibung „Barbadira“, der schrecklich Bärtige, wie man im Altertum die Germanen nannte. Andererseits deutet er in Zenturie 10, 1 darauf hin, dass an dem endgültigen Untergang Englands Deutschlands Eid und Verstimmung schuld ist.

Der Hahn ist das Symbol Frankreichs, während der Adler als Deutschlands Wappentier gilt. Beide sind in Savona, einer Stadt in Italien vereinigt, und das befreundete Ungarn und die Levante stellen eine Flotte zur Verfügung.

Zenturie 1, 73.

Frankreich wird von fünf Seiten angefallen,
Die Perser wiegeln Algier und Tunis auf,
Leon, Sevilla und Barcelona fällt ab,
Die vereinigte Flotte schützt nicht mehr.

Die Einkreisung Frankreichs nach englischem Plan ist vollendet. Sevilla und Barcelona steht deutlich für Spanien, welches die Verbindung mit Frankreich gelöst hat. Zum Überfluss erheben sich die afrikanischen Kolonien im heiligen Kriege der Mohammedaner.

Zenturie 5, 59.

Der englische Führer hält zu lange in Nimes.
Aenobarbe zieht Spanier zur Hilfe herbei.
Große Todesfälle in diesen Tagen durch Mars,
Wenn der Bartstern über Artois steht.

Dem großen Morden zwischen Engländern und Franzosen erscheint ein Zeichen des Himmels, ein Bartstern, ein Komet. Aenobarbe ist Heinrich der Broncebart. In diesen Schlachten werden die beiderseitigen Verluste besonders schwer sein.

Zenturie 3, 43.

Ihr Leute von Tarn, Loth und der Garonne,
Hütet euch vor den Apenninen.
Euer Grab wird bei Rom und Ankona sein.
König Kraushaar richtet ein Siegeszeichen auf.

Zenturie 2, 79.

Der königliche Kraushaar wird mit scharfem Geschütz
Sich das stolze, grausame Volk untertänig machen.
Der große Chiren wird die Gefangenen befreien
Und sie alte unter seinem Halbmondbanner vereinigen.

Zenturie 1, 74.

Nach kurzem Aufenthalt wird die Flotte nach Epirus
fahren.
Und den Kämpfern bei Antiochia große Hilfe bringen.
Der Kraushaar wird sich eng an die Empire halten,
Der Bronzebart wird ihn am Bratspieß rösten.

Hier spielen die Kämpfe gegen die Mohammedaner eine große Rolle, die Heinrich den Namen Halbmondsieger einbringen. Italien schließt sich eng an England an und wird deshalb von Heinrich mit Krieg überzogen, der alle verfügbare Heeresmacht zusammennimmt.

Zenturie 8, 31.

Zuerst ist der Fürst von Presquire im Vorteil,
Dann aber wird er in große Verlegenheiten kommen.
Bei Venedig wird er seinen stolzen Ruhm verlieren.
Der Halbmondbezwinger bringt ihm Unglück.

Zenturie 2, 63.

Der Po wird Ausoniens Gallier nicht bezwingen,
Seine und Marne werden Parma in Brand setzen.

Es wird eine starke Mauer errichtet werden,
An welcher der Große sein Leben verliert.

Der Fürst von Presquiere ist der italienische Heerführer, der wohl zuerst siegt, dann aber im Kampf gegen Heinrich Schlacht und Leben verliert.

Zenturie 8, 97.

An den Grenzen von Var wird der Pempotan verändert.
Am Meeresufer werden drei schöne Kinder geboren.
Der Untergang des Volkes hat sein Alter erreicht.
Die Regierung im Lande wird immer mehr zunehmen.

Zenturie 5, 62.

Auf den Gebirgen wird man Blutregen sehen.
Sonne im Osten, Saturn im Westen, bei Orgon Krieg.
In Rom großes Unglück, die Schiffe versenkt.
Der große Dreizackige ist gefangen.

Var ist das Departement an der italienischen Grenze in Frankreich. Der Pempotan ist umgestellt und heißt: Panotent, d. h. der Allmächtige unter den Staaten, England. Also in den Schlachten von Var wird die Allmacht Englands endgültig beendet.

Die Zeit des Untergangs Englands ist schicksalsgemäß herangekommen, dagegen wird die Regierung im Lande Frankreich wieder zunehmen.

Es ist kaum anzunehmen, dass Nostradamus in Schlachtenlärm und Völkerschicksal die Geburt von drei Kindern hineinbringt. Es sind also drei glänzende Taten, vielleicht siegreiche Schlachten.

Zenturie 2, 75.

Wenn man die Stimme des ungewöhnlichen Vogels
Durch die Sprachrohre des Daches hört (Antennen),
Wird der Scheffel Weizen so teuer sein,
Dass sich die Menschen gegenseitig fressen werden.

Das ist buchstäblich zu nehmen, denn im Grundtext heißt es: Que l'homme, d'homme sera antropophage. „Wenn der Mensch des Menschen Menschenfresser sein wird."

Zenturie 3, 70, 71.

Das große Britannien wird durch Wasser
Stark überflutet werden. Die neue Liga von Ausonne
Wird einen großen Krieg führen, dass man
Sich gegen sie verbinden wird.

Die auf der Insel werden lange Zeit belagert.
Schließlich raffen sie alle Kraft zusammen.
Die dem Tode entronnen sind, werden fliehen,
Da der Hunger größer ist als je zuvor.

Der englisch-französische Krieg ist Englands Schicksal. Schon seit der Mitte des vorigen Jahrhunderts haben sich innere Unruhen gezeigt, Kolonien abgetrennt, große Dominiums um ihre Selbstständigkeit gerungen. Ägypten hat sich selbständig gemacht, seit 1972 ist Indien in offener Empörung und wird sich ebenfalls während dieses Krieges ablösen. Der sonstige Kolonialbesitz wird inzwischen in Deutschlands Hände übergegangen sein.

Aus den mundanen Horoskopen nach 2050 ist keine große Bedeutung Englands mehr erkennbar. Die endgültige Vernichtung Englands durch tellurische Ursachen lässt allerdings noch einige Jahrhunderte auf sich warten.

Die furchtbaren Hungersnöte in England, sodass sich sogar die Menschen gegenseitig auffressen, ist eine so ungeheuere Erscheinung, dass sie in diesem Umfang in der Weltgeschichte noch nicht da gewesen ist. Nach den Lehren der okkulten Gesetze herrscht das Karma, d. h. jeder muss seine Taten am eigenen Leibe wieder erleben. Die Ergänzung zur Karmalehre ist die Wiederverkörperung. Die Generation, welche die unmenschliche Aushungerungspolitik im Weltkriege gegen Deutschland in Anwendung brachte, wird also wieder auf der Erde erschienen sein und das verursachte Schicksal tragen müssen.

Zenturie 2, 12.

Mit den geistigen Augen wird die Antike erneuert,
Viele werden die Mönchsgewandung nicht mehr achten.
Der Großmonarch wird diese Anschauungen bekämpfen
Und vorher den Schatz dieser Tempel rauben.

Da Heinrich sehr stark zur Katholischen Kirche neigt, wird er jede andere Anschauung bekämpfen und vor allem ihre Mittel beschlagnahmen.

Zenturie 6, 18.

Der große König ist von den Ärzten aufgegeben,
Durch sein Schicksal, nicht durch die Kunst des Hebräers
Bleibt er am Leben. Das närrische Geschlecht,
Welches Christus zu besitzen wünscht, wird geehrt.

König Heinrich hat also einen jüdischen Leibarzt, der ihm jedoch bei einer schweren Erkrankung auch nicht helfen kann. Nicht durch den Arzt, sondern durch die Bestimmung wird er gesund. (Diese Aussage hat recht wichtige Seiten, da Nostradamus selbst Arzt und von jüdischem Blute ist.) Das närrische Geschlecht, welches auf den Christus, den Messias wartet, sind die Juden. Man schreibt die Gesundung des Königs dem tüchtigen Arzt zu und das ganze Geschlecht erfährt deshalb Ehrungen.

Zenturie 8, 96.

Die Synagoge, die völlig unfruchtbar war,
Wird zwischen den Ungläubigen Aufnahme finden.
Von der Tochter Babylons wird sie hart verfolgt,
Ganz elend wird man ihr die Flügel beschneiden.

Der Zionismus, die Bestrebung des Judentums, Palästina aufzukaufen, wird später größere Erfolge haben, da auch die Judenverfolgungen in Europa wieder größere Ausmaße annehmen. Man wird unter den Ungläubigen, den Mohammedanern, einen jüdischen Staat aufrichten. Nachdem jedoch England, der Schutzherr des Zionismus zerschlagen ist, werden die Juden von den Mohammedanern arg verfolgt und getötet werden. Dann übernimmt Heinrich den Schutz der Juden.

Zenturie 10, 96.

Die Religion des Namens der Meere wird siegen,
Und über die Sekte von Abdallas Sohn Herr werden,
Die halsstarrige Sekte wird in Furcht geraten
Und von Aleph und Eliph gekränkt werden.

Meer und Maria hat im Lateinischen denselben Klang und ändert die Bedeutung durch die Betonung. Die Marienreligion wird über den Mohammedanismus siegen.

Aleph ist der erste Buchstabe des hebräischen, Eleph der des arabischen Alphabets.

Zenturie 6, 28.

Der große Keltische zieht nach Rom,
Eine große Anzahl Gefangener mitführend.
Der Papst wird jeden in die Acht erklären,
Der mit den Alpenvölkern gegen Gallien gekämpft hat.

Zenturie 6, 70.

Heinrich der Große wird das Haupt der Welt sein,
Weit über Europa hinaus geliebt und gefürchtet.
Sein Ruf und Lob wird seine Zeit überdauern.
Durch seine Siege wird er allen gefallen.

Zenturie 4, 77.

Der Halbmondsieger vereinigt sich friedlich
Mit Italien unter christlicher Herrschaft.
Wenn er stirbt, will er in Blois begraben sein,
Nachdem er die Seeräuber vom Meer vertrieben hat.

König Heinrich der Glückliche von Frankreich wird sich mit der halben Welt schlagen. Nachdem er die Mohammedaner besiegt, das verräterische Italien gezüchtigt und England vernichtet hat, wird er noch eine Reihe von Jahren als Schutzherr Europas friedlich leben. Zum Schluss will er in Blois, dem alten Sommersitz und Jagdschloss der französischen Könige beigesetzt werden.

Zenturie 3, 94.

Fünfhundert Jahre später wird man erkennen,
Den, der die Zierde seiner Zeit war.
Dann gibt es mit einem Male große Klarheit
Und alle Menschen werden zufrieden sein.

Die Zierde seiner Zeit nennt sich wohl der Seher selbst. Um die angegebene Zeit wird man die Zenturien verstehen und tiefer in den Sinn der Ursachen eindringen können. Weniger die Erkenntnis der Verse, als die Erhöhung des Allgemeinverständnisses für übersinnliche Dinge wird die Menschen zufrieden machen, weil dadurch manches Erdenleid gemildert werden kann.

Zenturie 2, 41.

Der große Stern wird sieben Tage lang brennen,
Eine Wolke wird zwei Sonnen erscheinen lassen.
Der dicke Köter wird die ganze Nacht heulen,
Wenn der Oberpriester die Heimat wechselt.

Die glückliche Zeit des großen Heinrich wird vorbei sein. Die kommende Periode wird in ihrer ganzen Schwere durch ein kosmisches Ereignis vorher gezeigt, was die beiden ersten Zeilen andeuten. Der dicke Köter ist der Nachfolger Heinrichs des Großen, der sehr bestürzt sein wird, wenn der große Papst gestorben ist.

Zenturie 2, 30.

Die teuflischen Götter Hannibals werden durch einen
Zum Entsetzen des Menschengeschlechts wieder erstehen.
Das Schlimmste wird sein, dass sie von Babel
Den Römern auferlegt sind.

Nachdem der große Papst gestorben ist, wird der große Mastin seine Macht auf religiösem Gebiet missbrauchen und alle Scheußlichkeiten durchführen. Das Schlimmste ist, dass dieselben von Babylon – Paris auf Rom übertragen werden.

Zenturie 5, 4.

Wenn der dicke Köter aus der Stadt verjagt ist,
Wird ihm das neue Unternehmen Leid tun.
Hat man den Hirsch aus den Feldern getrieben,
So werden Wolf und Bär sich beißen.

Der dicke Köter, der verderbte Nachfolger Heinrichs des Glücklichen wird, wenn seine Schande offenbar wird, von dem eigenen Volk davongejagt werden.

Zenturie 5, 1.

Bevor der Zusammenbruch der Kelten kommt,
Werden sich zwei Männer im Tempel besprechen.
Dolch und Lanzenstich in das Herz eines Militärs,
Ohne große Umstände wird man den Großen begraben.

Zenturie 4, 99.

Durch den Erstgeborenen der Königstochter,
Der durch Mut und Waffentaten groß ist,

Wird das keltische Heer nach verlorener Schlacht
Bis über Hesperiens Grenze hinausgejagt.

Zenturie 2, 72.

Die keltische Armee wird in Italien bedrängt,
Von allen Seiten hart angegriffen, große Verluste.
Flucht aus Italien, Gallien ist abgeschreckt,
Die Schlacht am Tessin ist ein Rubicon.

Der Rubicon ist ein Fluss in Italien, der durch Cäsar bekannt wurde, weil er mit seinem Überschreiten eine Entscheidung herbeiführte. Also wird diese Schlacht am Tessin eine Wende werden, ein Anfang vom Ende. Der Ausspruch: Gallien ist abgeschreckt, deutet darauf hin, dass es eine Entscheidung zu Frankreichs Ungunsten sein wird.

Zenturie 3, 32.

Das große Grab des Aquitanischen Volkes
Wird in der toskanischen Ebene liegen,
Wenn Mars an der germanischen Ecke
Im Gebiete von Mantua sein wird.

Zenturie 2, 87.

Von den äußersten Gegenden wird man herbeikommen,
Um den deutschen Prinzen auf den goldenen Thron zu erheben.
Zusammenstöße und Unterwerfung auch auf den Gewässern.
Die Dame dient, ihre Zelt hat nicht länger gedauert.

Zenturie 10, 31.

Das heilige Reich kommt nach Deutschland.
Die Araber werden offene Tore finden,
Auch die Griechen wollen nach Germanien,
Alle Säulen der Erde sind bedeckt.
(Alles erhält seine Ordnung.)

Dieser Vers deutet auf die Übernahme der Führung des europäischen Völkerbundes durch Deutschland. Wie England, so ist jetzt auch Frankreich endgültig jeder einflussreichen Stellung enthoben.

Zenturie 10, 65.

O weites Rom, dein Untergang naht!
Nicht von deinen Mauern, von deinem Blut und Substanz.
Durch Schriften wird der Raue schrecklich einschneiden.
Der Dolch bis zum Heft durch die Seele.

Der Untergang der römischen Kirche.

Zenturie 3, 95.

Man wird sehen, wie das maurische Gesetz zerfällt.
Ein viel verführerisches wird aufgerichtet.
Am Borysthenes wird es zuerst gefallen.
Durch Geschenke und Versprechungen lockt es Anhänger.

Das maurische Gesetz ist die mohammedanische Religion, die stark im Abnehmen begriffen ist und durch einen neuen Propheten wieder belebt wird. Borysthenes ist der südrussische Fluss Dnjepr. Diese neue religiöse Richtung wird also in Süd-Russland und Armenien eine große Anhängerzahl gewinnen.

Zenturie 5, 73.

Die Kirche wird von Gott verfolgt sein
Und die heiligen Tempel verlassen werden.
Das Kind wird der Mutter nur das Hemd lassen.
Die Araber werden mit den Polen verbandet sein.

Dieser Vers hat wieder seine geheimen Schlingen und muss irgendwie anders verstanden werden, denn nach dem Mundan-Horoskop ist Polens Selbstständigkeit etwa 1970 endgültig aus und wird auch nicht wieder errungen.

Zenturie 5, 55.

Arabia felix wird zu großer Macht gelangen.
Das mohammedanische Gesetz wird sich weit ausbreiten.
Es wird Spanien beunruhigen, Granada erobern,
Noch mehr zur See Italien beängstigen.

Zenturie 10, 95.

In Spanien wird ein mächtiger König aufkommen,
Zu Wasser und zu Lande wird er den Süden unterwerfen,

Wodurch weitere Ausbreitung der Araber verhindert wird.
Den Leuten vom Freitag wird er die Flügel knicken.

Zenturie 3, 31.

Auf den Feldern von Medion, Arabien und Armenien
Werden zwei große Heere dreimal hart zusammentreffen.
An den Ufern des Araxus steht das Hauptheer.
Der große Solimann wird vernichtet werden.

Zenturie 3, 61.

Das große Heer der Kreuzfahrer
Wird sich in Mesopotamien versammeln.
Bevor sie sich am Flusse vereinigt haben,
Werden sie sich gegenseitig für Feinde halten.

Durch Kreuzfahrer-Heere in der Art des Mittelalters wird Europa vor einer Überschwemmung durch die Türken bewahrt.

Zenturie 1, 25.

Ist der lang vermisste Hirte gefunden,
Wird er wie ein halber Gott verehrt.
Ehe jedoch der Mond seinen großen Lauf vollendet,
Wird er von anderer Seite wieder zurückgestoßen.

Nach dem Untergang der römischen Kirche wird noch einmal ein Versuch gemacht werden, dieselbe wieder aufzurichten. Nach kurzer Zeit jedoch wird sie wieder abgelehnt werden.

Zenturie 2, 13.

Der seelenlose Körper wird zerfließen,
Der Todestag wird in einen Jubeltag verwandelt.
Der göttliche Geist lässt die Seele
Das Wort in seiner Ewigkeit erblicken.

Hier ist von einer Umwandlung der menschlichen Natur die Rede, die den schmerzvollen Leibestod nicht mehr sehen wird. Das soll mit dem goldenen Zeitalter beginnen.

Zenturie 3, 2.

Das göttliche Wort wird der Materie
In geheimnisvollem Werk verborgenes Gold verleihen.

Körper, Seele und Geist werden auf Erden
Wie im Himmel alte göttliche Macht besitzen.

Zenturie 10, 74.

Wenn das Jahr der siebenten Zahl verflossen ist,
Ist das goldene Zeitalter nicht weit,
Den Augen erscheint die Zeit des Hundertopfers,
Wo die Toten aus den Gräbern auferstehn.

Zenturie 10, 42.

Eine Ära der Humanität göttlicher Herkunft beginnt,
Die Friedenszeit wird durch Einigkeit begründet,
Gefangen sitzt der Krieg auf der halben Welt,
Lange Zeit wird der Frieden bewahrt.

Unter der Vorherrschaft eines übermächtigen Reiches wird ein Staatenbund eine Zeit gottgefälliger Humanität und Frieden erhalten. Da der Krieg auf der halben Welt gefangen sitzt, so ist anzunehmen, dass der europäische Völkerbund friedlich eingestellt und auch die Kolonien davon profitieren werden.

Zenturie 1, 48.

Wenn zwanzig Jahre der Mondherrschaft vergangen sind,
Wird ein Anderer 7000 Jahre lang sein Reich behaupten.
Wenn die Sonne ihre Tage verkürzt,
Dann geht meine Prophezeiung zu Ende.

Lexikon
der Numerologie
und Zahlenmystik
Helmut Werner
KOMET

3-89836-132-2

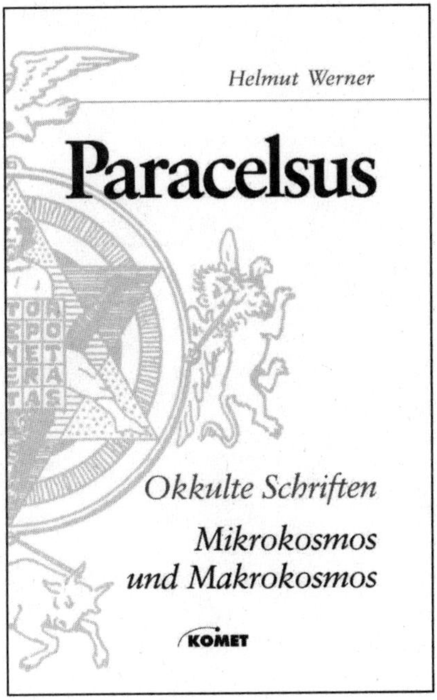
Helmut Werner
Paracelsus
Okkulte Schriften
Mikrokosmos und Makrokosmos
KOMET

3-89836-395-3